Инга Мангус

ДАВАЙ!

учить
читать
писать
играть

РУССКИЙ ЯЗЫК КАК ИНОСТРАННЫЙ ДЛЯ ШКОЛЬНИКОВ

Первый год обучения

РАБОЧАЯ ТЕТРАДЬ 1

САНКТ-ПЕТЕРБУРГ
«ЗЛАТОУСТ»

2019

УДК 811.161.1

Мангус, И.

Давай! Русский язык как иностранный для школьников. Первый год обучения : рабочая тетрадь. — СПб. : Златоуст, 2019. — 104 с.

Mangus, I.

Come on! Russian as a foreign language for schoolchildren. First year : workbook. — St. Petersburg : Zlatoust, 2019. — 104 p.

ISBN 978-5-907123-25-0

Рецензенты: Алла Кириллова, Светлана Евстратова
Гл. редактор: А.В. Голубева
Редактор: Валерия Михайлова
Корректор: Ольга Капполь
Верстка: Андрейс Русиновскис, Павел Зайцев, Лариса Пащук
Художники: Андрейс Русиновскис, Дарья Никитина

Учебный комплекс для детей с 11 лет, изучающих русский язык как иностранный с нуля до уровня B1. Линейка рассчитана на 4 года (класса) обучения. Комплект для каждого уровня включает учебник, рабочую тетрадь и книгу для учителя, снабженные ссылками на аудиоприложение и дополнительные задания в цифровой среде. Для первого года обучения имеются прописи. Ведется работа над созданием онлайн-приложений для учащихся с разными родными языками.

Подписано в печать 12.07.19. Формат 70х100/16. Печ. л. 6,5. Печать офсетная. Тираж 3000 экз. Заказ № 1232.
Код продукции: ОК 005-93-953005.

Санитарно-эпидемиологическое заключение на продукцию издательства Государственной СЭС РФ № 78.01.07.953.П.011312.06.10 от 30.06.2010 г.

Издательство «Златоуст»: 197101, Санкт-Петербург, Каменноостровский пр., д. 24в, пом. 1–Н.
Тел.: (+7-812) 346-06-68, 703-11-78; e-mail: sales@zlat.spb.ru; http://www.zlat.spb.ru

Сайт издательства

Отпечатано в ООО «Аллегро».
196084, Санкт-Петербург, ул. К. Томчака, д. 28. Тел.: (+7-812) 388-90-00.

СОДЕРЖАНИЕ

1. ОН, ОНА, ОНО 6
2. КТО ЭТО? 8
3. ОНИ ДОМА 10
4. ЭТО МАМА, ОНА ДИРЕКТОР 13
5. ТЫ КТО? А ВЫ КТО? 16
6. ПРИВЕТ И ПОКА! 18
7. ПРЯМО, СЛЕВА, СПРАВА 21
8. Я И МОЯ СЕМЬЯ 24
9. КАК ДЕЛА? ВСЁ В ПОРЯДКЕ 26
10. МОЯ ШКОЛА И МОЙ УРОК 28
11. МЕНЯ ЗОВУТ ИНГА. ОЧЕНЬ ПРИЯТНО! 31
12. МОЯ УЧИТЕЛЬНИЦА И МОЙ КЛАСС 34
13. ТЫ УЧИШЬСЯ ИЛИ РАБОТАЕШЬ? 38
14. ПРОСТИТЕ, ВЫ ГОВОРИТЕ ПО-РУССКИ? 42
15. СЕЙЧАС ОСЕНЬ ИЛИ ЗИМА? 47
16. КАКОЙ СЕГОДНЯ ДЕНЬ? 52
17. ВЧЕРА Я РАБОТАЛ И УЧИЛСЯ 55
18. ДЕТИ И РОДИТЕЛИ 60
19. ЭТО МОЙ ДОМ 66
20. ИМЯ. ФАМИЛИЯ. ОТЧЕСТВО 70
21. КАКОЙ ТЫ? 76
22. КТО ЧИТАЕТ ХОРОШО, А КТО – ПЛОХО? 83
23. 1, 2, 3, 4, 5 – ВЫШЕЛ ЗАЙЧИК ПОГУЛЯТЬ 89
24. ЭТО НАШ ДЕНЬ 94
25. МОЯ ШКОЛА И МОЙ ГОРОД 97

В конце каждого урока закрась выученные буквы.

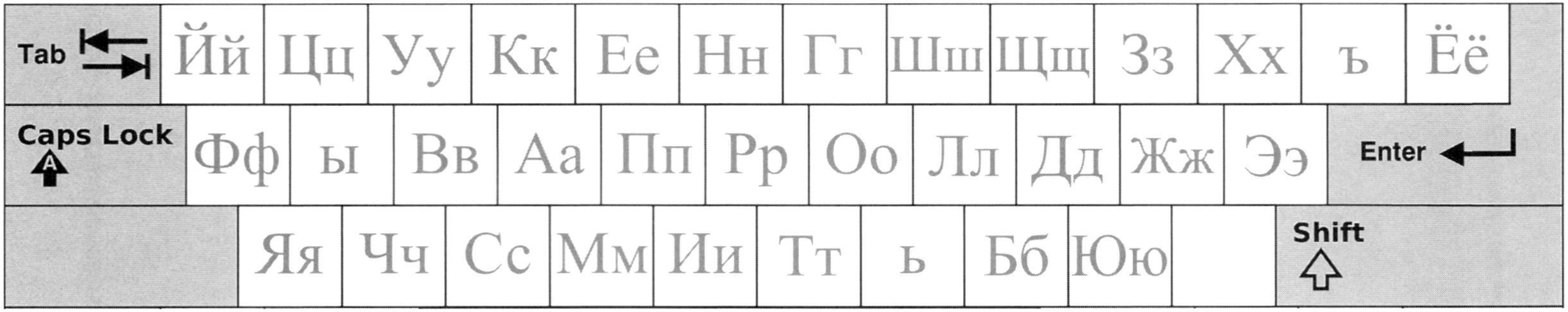

ДАВАЙ!

ТЕМА ОН, ОНА́, ОНО́

1. Найди в словах буквы Н, М и Т. Раскрась их разными цветами.

1. *томат*, 2. *кот*, 3. *Том*, 4. *она*, 5. *комната*, 6. *Антон*, 7. *там*, 8. *Анна*, 9. *Роман*, 10. *оно*, 11. *окно*

2. Буквенное судоку. Напиши в пустую клетку правильную букву. В каждом ряду и в каждом столбике буквы А, О, К, М, Т, Н могут появиться только один раз.

	А		О		К
Н		К		М	Т
А		Н	М	Т	
	Т			К	
К	Н		Т		М
Т		А		О	

3. Соедини слоги и напиши слова.

1. *ма*
2. *то*
3. *ок*

\+

мат
но
ма

1. ________________
2. ________________
3. ________________

4. Запиши слова в правильный столбик.

мама, комната, какао, он,
томат, кот, окно, оно, она

______	______	______
______	______	______
______	______	______

5. Уголок переводчика. **Запиши слова письменными буквами и переведи их на родной язык.**

Слово	Письменными буквами	Перевод
1. какао	______	______
2. комната	______	______
3. кот	______	______
4. мама	______	______
5. окно	______	______
6. он	______	______
7. она	______	______
8. оно	______	______
9. томат	______	______

КТО ЭТО?

1. Соедини половинки буквы. Напиши букву.

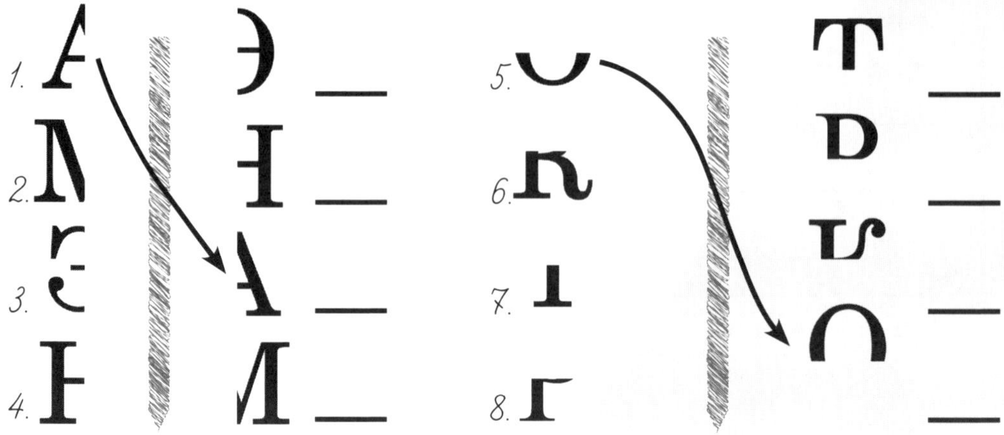

2. Запиши слова письменными буквами в правильный столбик.

мама, комната, торт, кот, окно,
какао, она, он, Том, оно, Анна

______	______	______
______	______	______
______	______	______
______	______	______

3. Напиши ОН, ОНА или ОНО.

1. *окно* – ______, 2. *мама* – ______, 3. *кот* – ______,
4. *какао* – ______, 5. *Тома* – ______, 6. *томат* – ______,
7. *Антон* – ______, 8. *комната* – ______, 9. *торт* – ______,
10. *Том* – ______, 11. *Анна* – ______

4. Найди и запиши правильный вопрос.

1. ______________________ *Она.*
2. ______________________ *Комната.*
3. ______________________ *Он Рон.*
4. ______________________ *Там Роман.*
5. ______________________ *Кот.*
6. ______________________ *Она Эмма.*
7. ______________________ *Он.*
8. ______________________ *Это Анна.*

а) Кто она? б) Это он? в) Кто он? г) Это кот? д) Кто там?

е) Это она? ж) Это комната? з) Кто это?

5. Поставь ударение в словах.

1. *это*, 2. *мама*, 3. *она*, 4. *томат*, 5. *оно*, 6. *какао*,
7. *окно*, 8. *комната*

6. Угадай, какие слова здесь спрятались. Каждая буква заменена на её порядковый номер в алфавите. Напиши полученные слова.

1. **20, 16, 18, 20** __ __ __ __
2. **12, 1, 12, 1, 16** __ __ __ __ __
3. **12, 16, 14, 15, 1, 20, 1** __ __ __ __ __ __ __

7. Уголок переводчика.

Слово	Письменными буквами	Перевод
1. а		
2. кто		
3. там		
4. торт		
5. это		

3 ТЕМА ОНИ́ ДО́МА

1. Найди в словах буквы И и Д. Раскрась их разными цветами.

1. *мир*, 2. *кит*, 3. *дом*, 4. *окно*, 5. *Дима*, 6. *доктор*, 7. *дата*, 8. *Аида*, 9. *да*, 10. *коридор*, 11. *кино*, 12. *они*

2. Запиши слова в правильный столбик.

комната, мама, дом, доктор,
Анна, кино, какао, оно,
Марина, коридор, окно, торт

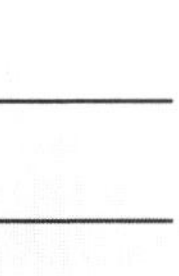

3. **Запиши в таблицу правильные местоимения.**

МЕСТОИМЕНИЯ

Единственное число	Множественное число
Я	Мы
Ты	Вы
______ ______	______

4. **Поставь ударение в словах.**

1. коридор, 2. кино, 3. доктор, 4. это, 5. дома, 6. они

5. **Соедини слоги и напиши слова.**

1. о	+	то	+	дор
2. до		ни		о
3. э		ма		та
4. ка		на		
5. ком		ри		
6. ко		ка		

1. ______
2. ______
3. ______
4. ______
5. ______
6. ______

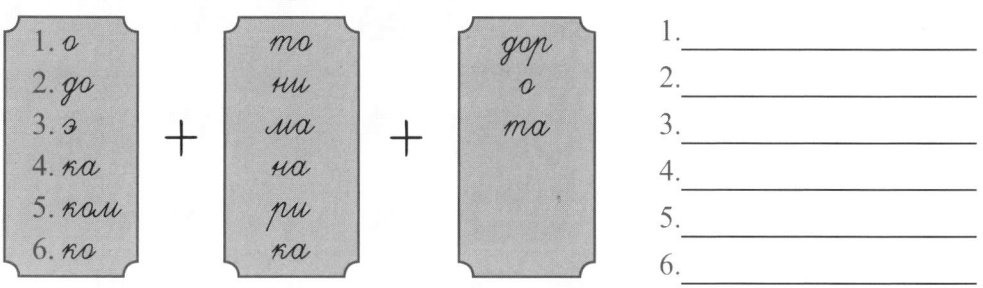

6. **Уголок переводчика.**

Слово	Письменными буквами	Перевод
1. да	______	______
2. доктор	______	______
3. дом	______	______
4. дома	______	______
5. и	______	______
6. кино	______	______
7. коридор	______	______
8. они	______	______

7. Найди и запиши правильный вопрос.

1. ______________________ *Там мама.*
2. ______________________ *Да, она дома.*
3. ______________________ *Да, это доктор.*
4. ______________________ *Да, он дома.*
5. ______________________ *Это Дина. Она там.*
6. ______________________ *Да, они дома.*
7. ______________________ *Да, это она. Она дома.*
8. ______________________ *Да, это они.*
9. ______________________ *Да, это кино.*
10. ______________________ *Он доктор.*

а) Анна дома? б) Это Рита? в) Это Рон и Дан?
г) Кот дома? д) Кто это? е) Кто там?
ж) Марина и Дима дома? з) Это доктор?
и) Это кино? к) Кто он?

8. Разгадай кроссворд.

1. 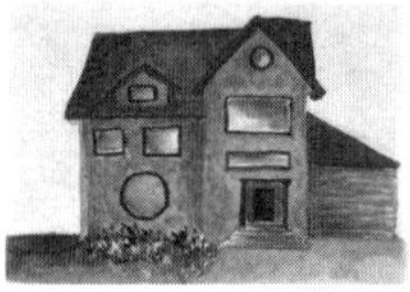

2. 

3. 

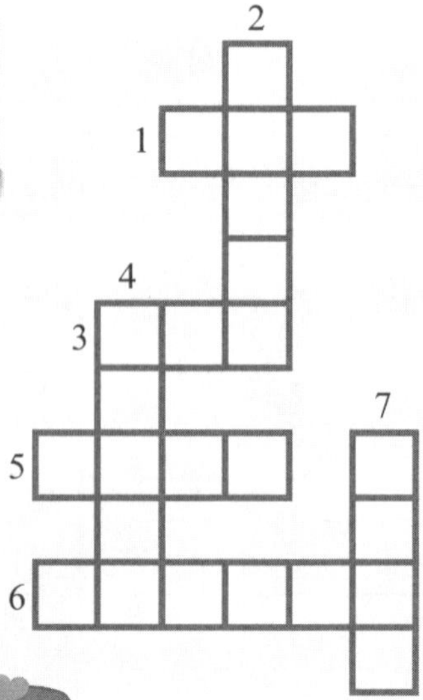

4. 

5. 

6. 

7. 

4 ТЕМА Э́ТО МА́МА, ОНА́ ДИРЕ́КТОР

1. **Соедини половинки буквы. Напиши букву.**

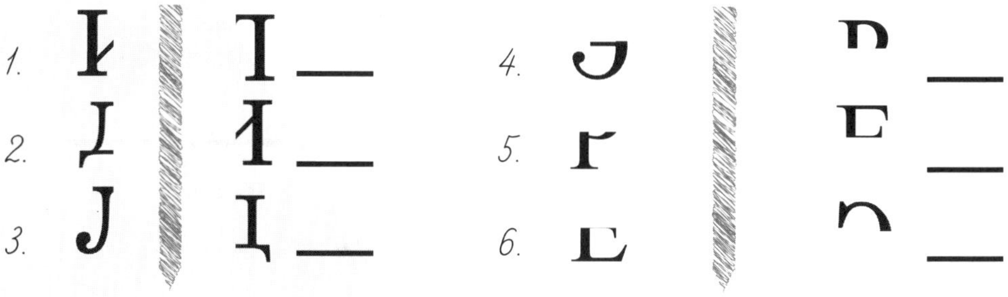

2. **Запиши слова в правильный столбик.**

оно, молоко, директор, мел, доктор, театр, тарелка, мама, окно, лето, комната, она

3. Найди 11 слов.

л	и	м	о	н	г	м	о	р	е	ж	р	е	к	а
е	м	р	о	е	о	м	о	л	о	к	о	л	о	п
т	е	т	о	т	а	р	е	л	к	а	л	л	о	т
о	л	т	е	а	т	р	д	и	р	е	к	т	о	р

4. Поставь ударение в словах.

1. *директор*, 2. *доктор*, 3. *лето*, 4. *они*, 5. *море*,
6. *лимон*, 7. *река*, 8. *театр*, 9. *коридор*, 10. *тарелка*,
11. *кино*, 12. *молоко*, 13. *алло*

5. Соедини слоги и напиши слова.

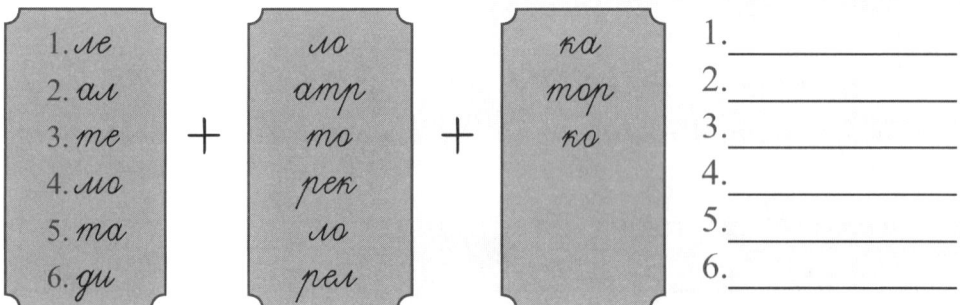

1. *ле*	+	*ло*	+	*ка*
2. *ал*		*атр*		*тор*
3. *те*		*то*		*ко*
4. *мо*		*рек*		
5. *та*		*ло*		
6. *ди*		*рел*		

1. ________________
2. ________________
3. ________________
4. ________________
5. ________________
6. ________________

6. Угадай, какие слова здесь спрятались. Каждая буква заменена на её порядковый номер в алфавите. Напиши полученные слова.

1. **5, 16, 12, 20, 16, 18** ____________________
2. **20, 1, 18, 6, 13, 12, 1** ____________________
3. **20, 6, 1, 20, 18** ____________________
4. **12, 16, 18, 10, 5, 16, 18** ____________________

7. **Буквенное судоку. Напиши в пустую клетку правильную букву. В каждом ряду и в каждом столбике буквы Э, Р, И, Д, Е, Л могут появиться только один раз.**

Р		Д	И		Л
	Л	И		Р	
Д	Р			И	Э
Э		Л		Д	
Л	Е		Д		И
		Э	Р		

8. **Найди буквы Е и Л и зачеркни их.**

1. *алло*, 2. *мел*, 3. *театр*, 4. *нет*, 5. *молоко*,
6. *лимон*, 7. *лето*, 8. *река*, 9. *директор*, 10. *море*

9. **Уголок переводчика.**

Слово	Письменными буквами	Перевод
1. алло!		
2. директор		
3. лето		
4. лимон		
5. мел		
6. молоко		
7. море		
8. не		
9. нет		
10. река		
11. тарелка		
12. театр		

5 ТЕМА ТЫ КТО? А ВЫ КТО?

1. **Букву Ы зачеркни красным карандашом, букву Б обведи в кружок.**

1. *квартира*, 2. *раковина*, 3. *рынок*, 4. *ванна*, 5. *корова*, 6. *волк*, 7. *вода*, 8. *диван*, 9. *мыло*, 10. *вы*, 11. *раковина*, 12. *ты*, 13. *мы*, 14. *вот*

2. **Запиши в таблицу правильные местоимения.**

Ы

МЕСТОИМЕНИЯ

Единственное число	Множественное число
я	________
________	________
________ ________	________

3. **Сложи и отними. Напиши полученные имена.**

1. *нм + ар + и – н + тк + а – т* = ________
2. *им + р + ни + на – мн* = ________
3. *ат + ан + на – ат* = ________
4. *ва + ин + ле – ин + н + ти + н* = ________
5. *ва + кы + ле + ра – к – ы* = ________
6. *ав – а + ла + д* = ________
7. *ва + о + в – а + а* = ________
8. *ви + кт + ар – ар + о + р* = ________

В

4. **Соедини слоги и напиши слова.**

1. *ва* 2. *мы* 3. *во* 4. *ди*	+	*да* *ван* *ло* *нна*

1. ________
2. ________
3. ________
4. ________

5. Поставь ударение в словах.

1. *квартира*, 2. *лето*, 3. *вода*, 4. *раковина*, 5. *молоко*, 6. *лимон*, 7. *тарелка*, 8. *алло*, 9. *театр*, 10. *директор*, 11. *диван*, 12. *река*, 13. *море*, 14. *рынок*, 15. *мыло*, 16. *ванна*

6. Найди и запиши подходящий ответ.

1. *Это Элинор?* ____________________
2. *Это мыло?* ____________________
3. *Это кино?* ____________________
4. *Это Ирэн?* ____________________
5. *Кто вы?* ____________________
6. *Вы Вика и Анита?* ____________________

а) Мы Лаура и Инна.
б) Нет, это театр.
в) Нет, это Анна.
г) Нет, мы Ира и Марина.
д) Да, это Элинор.
е) Да, это мыло.

7. Уголок переводчика.

Слово	Письменными буквами	Перевод
1. ванна 2. вода	____________________	______________
3. вот 4. вы	____________________	______________
5. диван 6. квартира	____________________	______________
7. мы 8. мыло	____________________	______________
9. раковина 10. рынок	____________________	______________

8. Разгадай кроссворд.

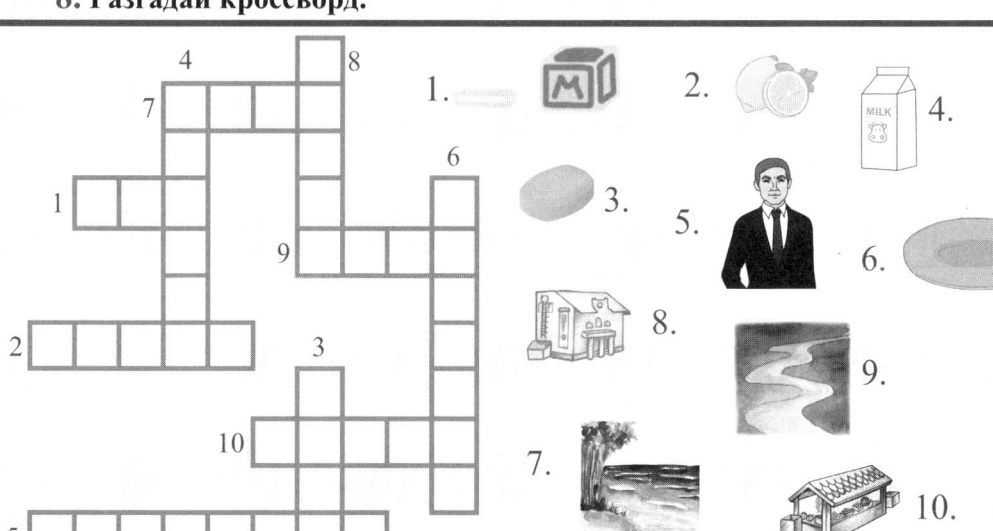

1. 

2. 

4.

3.

5. 

6. 

8.

9.

7. 

10.

6 ТЕМА ПРИВЕ́Т И ПОКА́!

1. Букву Я зачеркни красным карандашом, букву П обведи в кружок.

1. *папа*, 2. *дядя*, 3. *я*, 4. *полка*, 5. *парк*, 6. *привет*, 7. *пока*, 8. *аптека*

2. Запиши слова в правильный столбик.

лимон, рынок, море, окно, полка, парк,
аптека, дерево, мама, дядя, лето, вода

________	________	________
________	________	________
________	________	________
________	________	________
________	________	________

3. Реши примеры.

1. *он* + *она* = *они*
2. *ты* + *я* = ________
3. *я* + *вы* = ________
4. *она* + *она* = ________
5. *ты* + *ты* = ________
6. *я* + *они* = ________
7. *ты* + *он* = ________
8. *он* + *ты* = ________

4. Соедини слоги и напиши слова.

1. *пол*	*вет*	*ля*
2. *вре*	*ка*	*ра*
3. *при*	*мя*	*тно*
4. *по*	*ти*	
5. *не*	*ня*	
6. *квар*	*де*	

1. ________
2. ________
3. ________
4. ________
5. ________
6. ________

5. Поставь ударение в словах.

1. *мыло*, 2. *раковина*, 3. *аптека*, 4. *дерево*, 5. *полка*, 6. *квартира*, 7. *имя*, 8. *пока*, 9. *дядя*, 10. *вторник*, 11. *вода*, 12. *диван*, 13. *рынок*, 14. *ванна*, 15. *папа*, 16. *неделя*, 17. *привет*, 18. *время*, 19. *понятно*

6. Соедини картинку и слово.

1. полка, 2. дядя, 3. папа, 4. дерево,

5. аптека, 6. кино, 7. рынок, 8. театр

7. Уголок переводчика.

Слово	Письменными буквами	Перевод
1. аптека 2. время		
3. вторник 4. имя		
5. дядя 6. дерево		
7. Кто там? 8. парк		
9. папа 10. понятно		
11. Пока! 12. неделя		
13. Привет! 14. я		
15. полка		

8. Буквенное судоку. Напиши в пустую клетку правильную букву. В каждом ряду и в каждом столбике буквы Э, Р, И, Д, Е, Л могут появиться только один раз.

	Э		Р		И
Л		И		Д	Е
Э		Л	Д	Е	
	Е			И	
И	Л		Е		Д
Е		Э		Р	

9. Разгадай кроссворд.

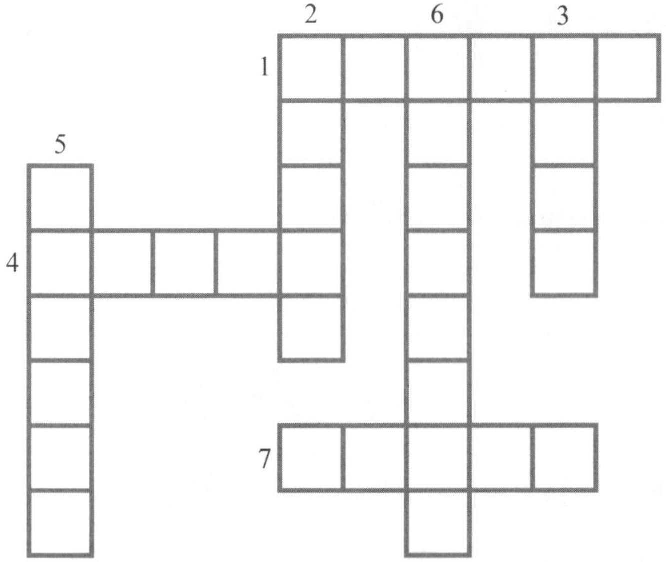

1. 

2. 

3. 

4. 

5. 

6. 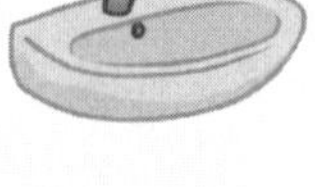

7. 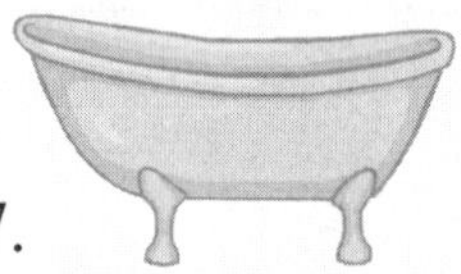

7 ТЕМА ПРЯ́МО, СЛЕ́ВА, СПРА́ВА

1. Соедини картинку и слово.

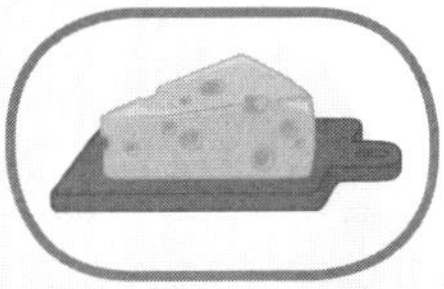

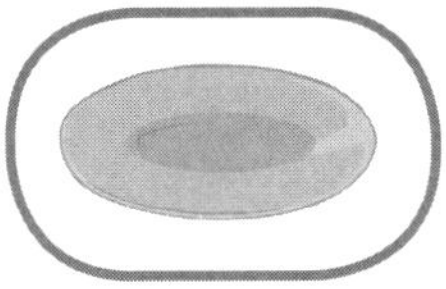
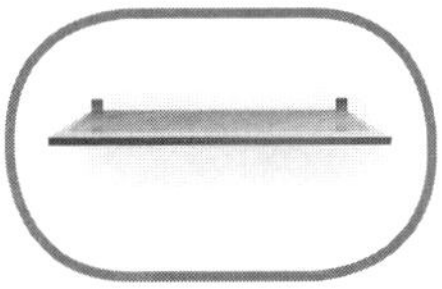
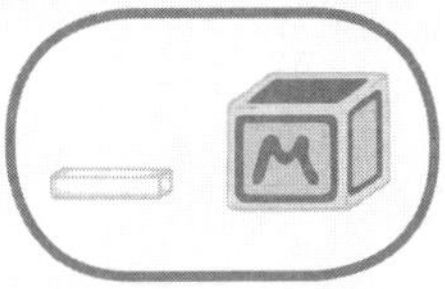
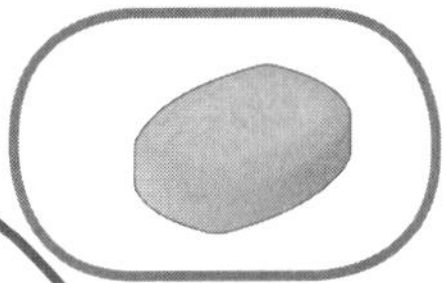
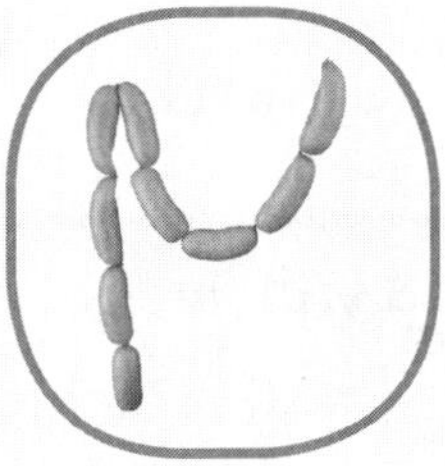

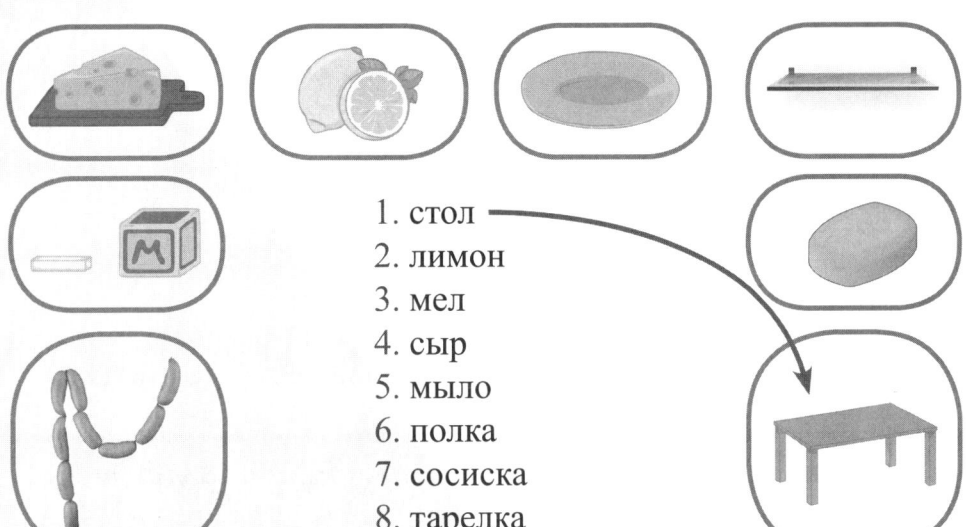

1. стол
2. лимон
3. мел
4. сыр
5. мыло
6. полка
7. сосиска
8. тарелка

2. Запиши слова в правильный столбик.

солянка, масло, сметана, сосиска, салат, сок, сыр, стол, среда, окно, кино, море

____________	____________	____________
____________	____________	____________
____________	____________	____________
____________	____________	____________

3. Соедини слоги и напиши слова.

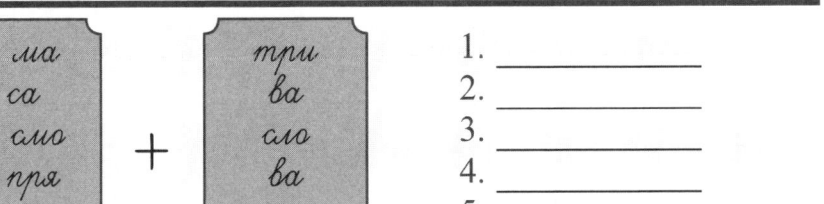

1. *ма*	+	*три*
2. *са*		*ва*
3. *сло*		*ло*
4. *пря*		*ва*
5. *сле*		*мо*
6. *спра*		*лат*

1. ____________
2. ____________
3. ____________
4. ____________
5. ____________
6. ____________

4. Буквенное судоку. Напиши в пустую клетку правильную букву. В каждом ряду и в каждом столбике буквы Ы, В, Я, П, С, Г могут появиться только один раз.

	Ы	С		Г	
	В		Ы	П	
		П	В		Я
Ы	Я			С	П
Г	С		П		
В		Ы		Я	Г

5. Слова женского рода подчеркни прямой линией, слова мужского рода подчеркни прерывистой линией.

солянка, стол, вода, полка, парк, рынок, тарелка, торт, ванна, театр, салат, сосиска, сок, папа, мама, город, река, стол

6. Поставь ударение в словах.

1. *вторник*, 2. *салат*, 3. *имя*, 4. *дядя*, 5. *привет*, 6. *дерево*, 7. *смотри*, 8. *время*, 9. *полка*, 10. *слева*, 11. *понятно*, 12. *неделя*, 13. *сосиска*, 14. *город*, 15. *пока*, 16. *сегодня*, 17. *папа*, 18. *справа*, 19. *прямо*, 20. *аптека*, 21. *солянка*, 22. *масло*, 23. *сметана*, 24. *среда*

7. Найди и запиши правильный ответ.

1. *Где сыр?* __________
2. *Сегодня среда?* __________
3. *Где это дерево?* __________
4. *А где аптека?* __________
5. *Это море?* __________
6. *Рынок справа?* __________

а) Вот он. б) Нет, он слева. в) Вот оно. г) Нет, это река.

д) Нет, вторник. е) Смотри, она тут.

8. **Уголок переводчика.**

Слово	Письменными буквами	Перевод
1. где 2. город		
3. масло 4. помидор		
5. прямо 6. салат		
7. сегодня 8. слева		
9. сметана 10. Смотри!		
11. сок 12. солянка		
13. сосиска 14. справа		
15. среда 16. стол		
17. сыр		

9. **Разгадай кроссворд.**

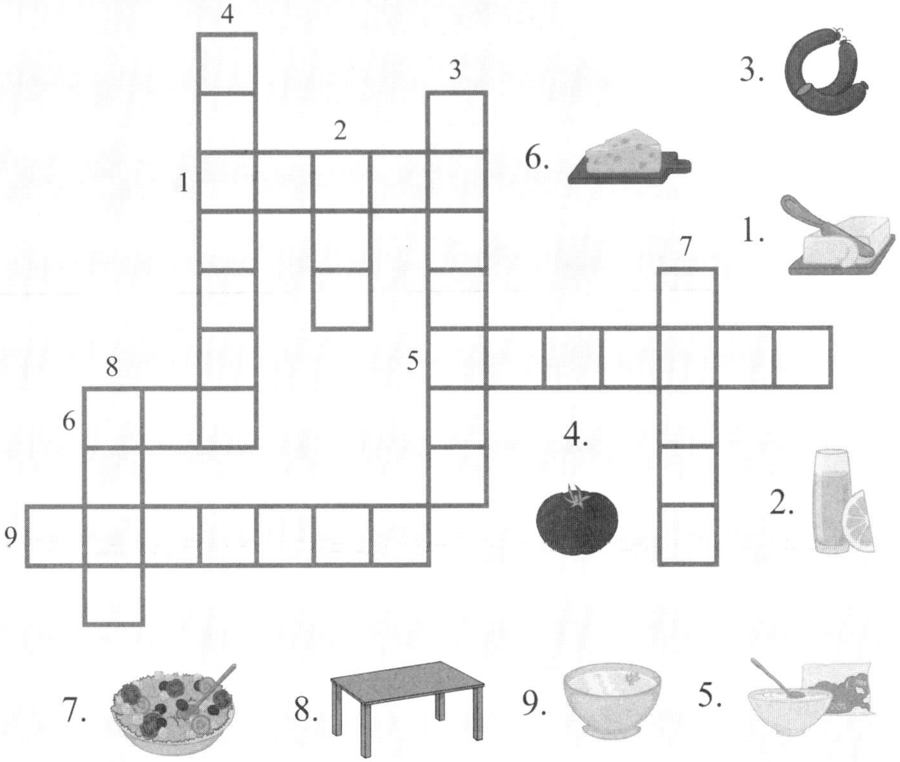

1. Соедини половинки буквы. Напиши букву.

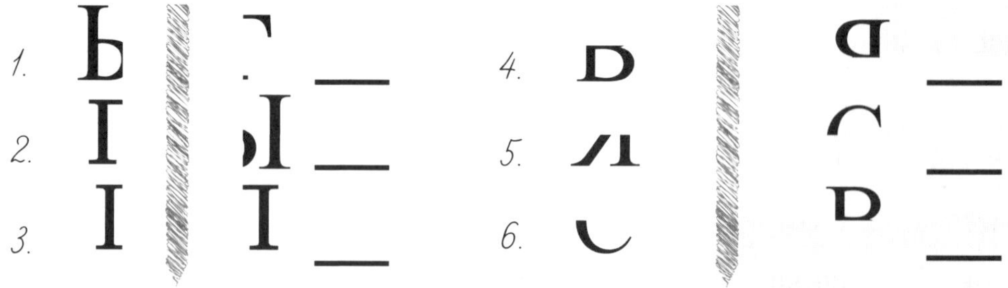

2. Закрась буквы Й и Ё.

т м ё ы е а п д э й н ы в а й т у к е ё н г л в а ё п е г й м е т п
от в к е о п и ё г р л о й л т к с ё л а м п е г б т й

3. Выпиши буквы, которые встречаются один раз. Какие слова получились?

1. БПУИЙЫБЭПСТОИБЭЙУПЫЭЛПУИБЫУЙ = ________________
2. ТВАЫУНПЫЭВЫМЫПАЫУНЭОВТПУЫВАНЙЭ = ____________
3. УЫИНМУЙСЫНИЭУЫОЫМУНИЭЙКИМНУЙ = ______________

4. Соедини слоги и напиши слова.

1. *тё*	+	*ё*
2. *мо*		*тра*
3. *тво*		*тя*
4. *сес*		*я*

1. ____________
2. ____________
3. ____________
4. ____________

5. Найди и запиши правильный ответ.

1. *Где мой салат?* ____________
2. *Это моё масло?* ____________
3. *Это твоё мыло слева?* ____________
4. *Это твой дядя слева?* ____________
5. *Это твоя сестра справа?* ____________
6. *Это моя квартира?* ____________
7. *Где твоя тётя?* ____________
8. *Это мой директор?* ____________

а) Вот он. б) Да, моя. в) Нет, не твоё. г) Да, твой. д) Да, мой. е) Да, твоя. ж) Вот она. з) Нет, не моё.

6. **Запиши в таблицу местоимения МОЙ, МОЯ, МОЁ и ТВОЙ, ТВОЯ, ТВОЁ.**

мой		

7. **Напиши МОЙ/ТВОЙ, МОЯ/ТВОЯ или МОЁ/ТВОЁ.**

1. *Это (я) ___ стол?*
2. *Это (ты) ____ сок?*
3. *Это (я) ___ сестра.*
4. *Это (ты) ____ какао?*
5. *Это (ты) ____ мама?*
6. *Это (ты) ____ папа?*
7. *Это (я) ___ окно.*
8. *Это (я) ___ тётя.*

8. **Напиши МОЙ/ТВОЙ, МОЯ/ТВОЯ или МОЁ/ТВОЁ.**

1. Я Анна. Это ______ город.
2. Это ты. Это ______ квартира.
3. Я Антон. Это ______ комната.
4. Это мой дом. А это _______ окно.
5. Маша, это _______ директор?
6. Я – Роман. Роман – это _______ имя.

9. **Найди 8 слов.**

с	е	с	т	р	а	с	о	с	и	с	к	а
ж	х	ы	я	т	в	о	ё	ч	м	т	ъ	э
д	ъ	р	ч	т	ё	т	я	х	о	о	х	д
с	м	е	т	а	н	а	ь	ъ	ё	л	ь	ю

10. **Уголок переводчика.**

Слово	Письменными буквами	Перевод
1. моё 2. мой	________________	________________
3. моя 4. сестра	________________	________________
5. твоё 6. твой	________________	________________
7. твоя 8. тётя	________________	________________

9 ТЕМА КАК ДЕЛА́? ВСЁ В ПОРЯ́ДКЕ

1. Обведи букву Х в красный кружок, а букву Ш – в синий кружок.

1. *плохо*, 2. *Саша*, 3. *Наташа*, 4. *наш*, 5. *наша*, 6. *хорошо*, 7. *ваша*, 8. *Михаил*

2. Реши примеры.

Я + ОН = **МЫ**

1. ТЫ + Я = ___________
2. ОН + ОНА = ___________
3. ВЫ + Я = ___________
4. ОН + ТЫ = ___________
5. Я + ОН = ___________
6. ОНА + Я = ___________
7. Я + ОНА = ___________
8. ОН + ОН = ___________
9. ВЫ + ОНИ = ___________

3. Соедини слоги и напиши слова.

1. *пло*	+	*мон*
2. *на*		*да*
3. *и*		*па*
4. *сре*		*ван*
5. *па*		*хо*
6. *ли*		*ли*
7. *ди*		*ше*

1. ___________
2. ___________
3. ___________
4. ___________
5. ___________
6. ___________
7. ___________

4. Слова женского рода подчеркни прямой линией, слова среднего рода подчеркни волнистой линией, слова мужского рода подчеркни прерывистой линией.

1. *сестра*, 2. *дядя*, 3. *сок*, 4. *сосиска*, 5. *время*, 6. *рынок*, 7. *город*, 8. *тётя*, 9. *кино*, 10. *полка*, 11. *окно*, 12. *театр*, 13. *река*, 14. *море*, 15. *парк*, 16. *масло*, 17. *сыр*, 18. *какао*, 19. *директор*, 20. *доктор*, 21. *вода*, 22. *лето*, 23. *имя*

5. Поставь ударение в словах.

1. *наша*, 2. *всегда*, 3. *тётя*, 4. *хорошо*, 5. *или*, 6. *твоя*, 7. *плохо*, 8. *моё*, 9. *ваша*, 10. *сестра*, 11. *наше*, 12. *в порядке*, 13. *ваше*, 14. *твоё*

6. Напиши НАШ/ВАШ, НАША/ВАША или НАШЕ/ВАШЕ.

1. Мы – Антон и Анна. Это ____________ город.
2. Это вы. Это ____________ квартира.
3. Это Наташа и я. Это ____________ комната.
4. Это вы – Маша и Саша. Это ____________ директор.
5. Это мы. Это ____________ окно.
6. Это я и мой дядя. А это ____________ доктор.
7. Это я моя сестра. Это ____________ время.
8. Кто это? Это ваш кот? Да, это ____________ кот.

7. Соедини полное имя и его короткую форму.

1. *Ирина*	*Рома*	5. *Александр*	*Ваня*
2. *Мария*	*Наташа*	6. *Иван*	*Катя*
3. *Наталья*	*Маша*	7. *Екатерина*	*Саша*
4. *Роман*	*Ира*	8. *Владимир*	*Вова*

8. Найди 9 слов.

с	п	р	а	в	а	с	л	е	в	а	х	д
т	п	о	л	к	а	д	я	д	я	э	э	о
о	ь	б	ю	б	ь	г	о	р	о	д	ж	м
л	м	ы	л	о	ь	т	а	р	е	л	к	а

9. Уголок переводчика.

Слово	Письменными буквами	Перевод
1. ваш 2. ваша	____________	____________
3. ваше 4. всё	____________	____________
5. Всё в порядке.	____________	____________
6. Как всегда.	____________	____________
7. как 8. или	____________	____________
9. Как вы? 10. наш	____________	____________
11. Как дела? 12. наша	____________	____________
13. Как ты? 14. наше	____________	____________
15. плохо 16. хорошо	____________	____________

1. Букву Б подчеркни, а букву У обведи в кружок.

1. *бабушка*, 2. *суббота*, 3. *дедушка*, 4. *урок*, 5. *стул*,
6. *собака*, 7. *сумка*, 8. *работа*

2. Сложи и отними. Напиши полученные имена.

1. *ма + ла – м + ур – а + а =* ______________
2. *нул + у + ко – ну + ао – оо =* ______________
3. *то + у + ра – т + у – оу + ни + о – и =* ______________
4. *бо + вт + р + и – в + с – т =* ______________

3. Соедини слоги и напиши слова.

1. *пе*		*та*		*шо*
2. *сум*		*нал*		*дня*
3. *пар*		*ка*		*та*
4. *суб*	+	*го*	+	
5. *хо*		*бо*		
6. *се*		*ро*		

1. ______________
2. ______________
3. ______________
4. ______________
5. ______________
6. ______________

4. Запиши слова в правильный столбик.

лето, окно, масло, сумка, стул, брат, кино, бабушка, дедушка, школа, собака, карандаш

______________	______________	______________
______________	______________	______________
______________	______________	______________
______________	______________	______________

5. Угадай, какие слова здесь спрятались. Каждая буква заменена на её порядковый номер в алфавите. Напиши полученные слова.

1. **2, 1, 2, 21, 26, 12, 1** ______________
2. **19, 16, 13, 33, 15, 12, 1** ______________
3. **3, 19, 6, 4, 5, 1** ______________

6. Напиши местоимение в правильной форме.

1. _______ (он) *урок*, 2. _______ (они) *школа*, 3. _______ (она) *карандаш*, 4. ________ (они) *бабушка*, 5. ________ (она) *дедушка*, 6. ________ (он) *сумка*, 7. ________ (она) *брат*, 8. ________ (он) *имя*, 9. _________ (они) *парта*, 10. _________ (она) *стул*

7. Поставь ударение в словах.

1. *в порядке*, 2. *наше*, 3. *всегда*, 4. *или*, 5. *собака*, 6. *урок*, 7. *дедушка*, 8. *ваша*, 9. *хорошо*, 10. *парта*, 11. *пенал*, 12. *бабушка*, 13. *ваше*, 14. *школа*, 15. *карандаш*, 16. *наша*, 17. *его*, 18. *суббота*, 19. *плохо*, 20. *её*, 21. *сумка*

8. Буквенное судоку. Напиши в пустую клетку правильную букву. В каждом ряду и в каждом столбике буквы Й, Ё, Х, Ш, У, Б могут появиться только один раз.

	Б	У		Ш	
Ш	Й		Б	У	
		Й	Х		У
У	Ё			Б	Ш
Й	У		Ш		
		Ш		Й	Б

9. Вставь правильное местоимение.

1. Это Антон и Анна. Это __________ парта.
2. Это Михаил. Это __________ пенал.
3. Это Наташа. Это __________ сумка.
4. Это Маша и Саша. Это __________ школа.
5. Это тётя. Это __________ собака.
6. Это дядя. Это __________ брат.
7. Это моя сестра. Это ___________ карандаш.
8. Это они. Это ___________ дом.

10. Уголок переводчика.

Слово	Письменными буквами	Перевод
1. брат		
2. бабушка		
3. дедушка		
4. карандаш		
5. его 6. её 7. их		
8. парта 9. тут		
10. пенал		
11. собака		
12. стул 13. сумка		
14. суббота		
15. урок 16. школа		

11. Разгадай кроссворд.

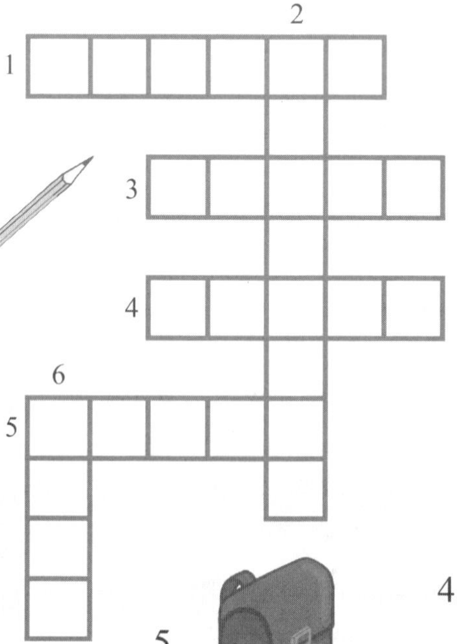

1.

2.
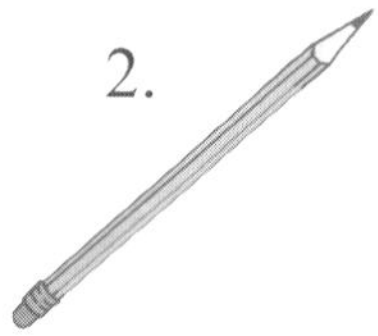

3.
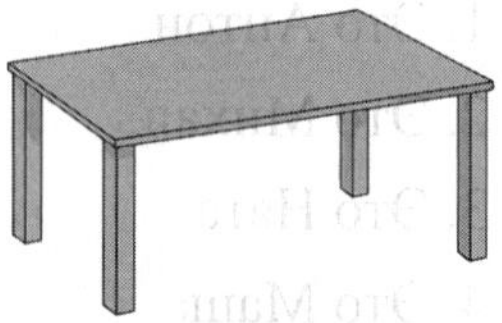

4.

5.

6.
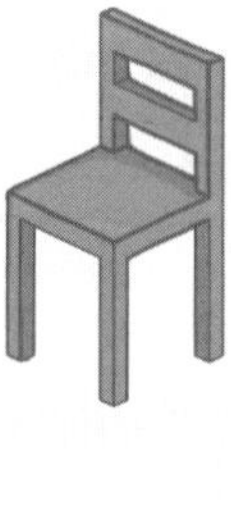

1. Соедини половинки буквы. Напиши букву.

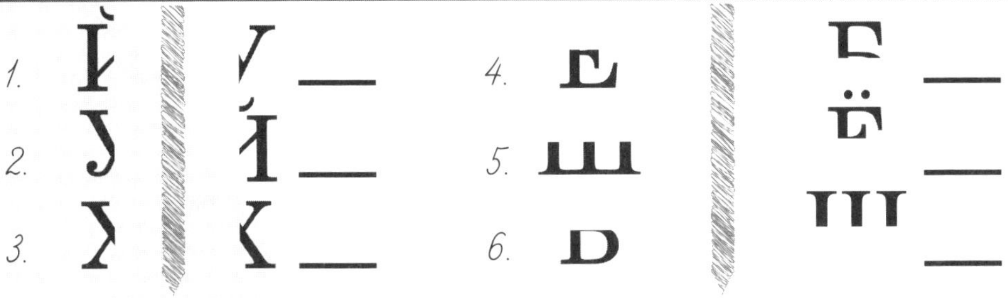

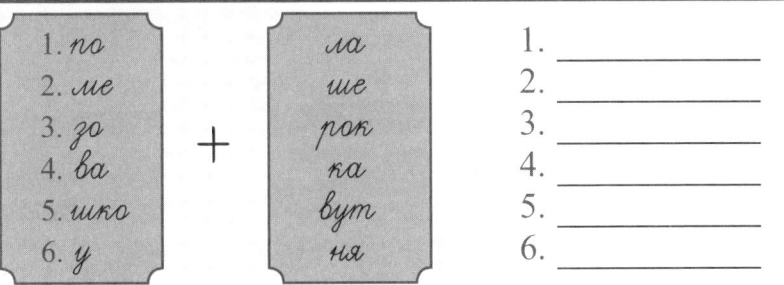

2. Букву З подчеркни прямой линией, а букву Ч – волнистой линией.

очень приятно, здравствуйте, что, четверг, извини, меня зовут

3. Соедини слоги и напиши слова.

1. *по*	*ла*	1. ______
2. *ме*	*ше*	2. ______
3. *зо*	*рок*	3. ______
4. *ва*	*ка*	4. ______
5. *шко*	*вут*	5. ______
6. *у*	*ня*	6. ______

4. Найди и напиши правильный ответ.

1. *У тебя есть дом?* ______
2. *Как тебя зовут?* ______
3. *Что у вас сегодня?* ______
4. *У тебя сегодня есть время?* ______
5. *У вас есть квартира?* ______
6. *Это твоя сумка?* ______
7. *У тебя есть собака?* ______
8. *Как вас зовут?* ______

а) У нас сегодня урок. б) Да, у меня сегодня есть время.
в) Да, есть. Её зовут Буш. г) Роберт и Виктория. д) Да, моя.
е) Да, есть. ж) Меня зовут Карл. з) Нет, нету.

5. Впиши остальные дни недели.

понедельник			

пятница		*воскресенье*

6. Слова женского рода подчеркни прямой линией, слова среднего рода подчеркни волнистой линией, слова мужского рода подчеркни прерывистой линией.

1. *торт*, 2. *дедушка*, 3. *школа*, 4. *стул*, 5. *парта*, 6. *собака*, 7. *дерево*, 8. *салат*, 9. *ванна*, 10. *четверг*, 11. *море*, 12. *река*, 13. *театр*, 14. *мел*, 15. *тарелка*, 16. *вторник*

7. Найди 7 слов.

ч	е	т	в	е	р	г	и	з	в	и	н	и
т	з	д	р	а	в	с	т	в	у	й	э	ж
о	ч	е	н	ь	й	п	р	и	я	т	н	о
з	д	р	а	в	с	т	в	у	й	т	е	х

8. Раздели слова линиями.

ВАСОНЕЁОНАМЕНЯНАСМЫВЫИХЯТЕБЯОНИТЫЯЕГО

9. Запиши местоимения.

МЕНЯ _________	_________
_________	_________
________ / ________	_________

10. Напиши письменными буквами.

Плачет Киска в коридоре,
У неё большое горе:
Злые люди
Бедной Киске
Не дают украсть сосиски!

Борис Заходер

11. Уголок переводчика.

Слово	Письменными буквами	Перевод
1. Да ты что!		
2. До свидания!		
3. Здравствуй!		
4. Здравствуйте!		
5. Извини!		
6. Извините!		
7. Как вас зовут?		
8. Как тебя зовут?		
9. Меня зовут …		
10. Ничего.		
11. Очень приятно!		
12. четверг		
13. что		

12. Обведи правильное местоимение в кружок.

1. *я моя меня* зовут Ирина.
2. Как *ты твой тебя* зовут?
3. Это моя сестра. *она его её* зовут Оля.
4. *он она его* зовут Александр.
5. Это мой брат. *она его он* зовут Роман.
6. *её она его* зовут Анна. *её она его* доктор.
7. *её он его* зовут Кирилл?
8. *твой твоя ты* мама доктор?
9. Это *твой твоя ты* сестра?
10. Это твой папа? Как *он его её* зовут.
11. Это *наш наша наше* школа.
12. Это твои бабушка и дедушка? Как *они их его* зовут?

12 ТЕМА МОЯ́ УЧИ́ТЕЛЬНИЦА И МОЙ КЛАСС

1. Закрась букву Ц красным цветом, а букву Ь – синим цветом.

1. *учитель*, 2. *ученица*, 3. *тетрадь*, 4. *словарь*, 5. *июнь*,
6. *учительница*, 7. *оценка*, 8. *понедельник*

2. Напиши, кто это.

____

____

____

____

3. Запиши слова в правильный столбик.

ученик, имя, урок, учебник, мыло, оценка, тетрадь, словарь, школа, ученица, дерево, время

________	________	________
________	________	________
________	________	________
________	________	________

4. Вставь слова и прочитай диалог.

1

А: Здравствуй! Меня зовут Виктор Иванович.
Я _______ _______ .
Б: Здравствуйте! Извините, как вас зовут?
А: Виктор Иванович.
Б: Очень приятно. Я Катарина.
Я _______ _______ .
А: Очень приятно.

2

Б: Здравствуй! Меня зовут Татьяна Ивановна.
Я _______ _______ .
А как тебя зовут?
В: Здравствуйте! Очень приятно.
Меня зовут Пол.
Я _______ _______ .
Б: Очень приятно.

твоя учительница, твой учитель, ваш ученик, ваша ученица

5. Соедини слоги и напиши слова.

1. *сло*	+	*час*
2. *здрав*		*сяц*
3. *сей*		*ствуй*
4. *ме*		*варь*

1. ____________
2. ____________
3. ____________
4. ____________

6. Поставь ударение в словах.

1. *четверг*, 2. *учитель*, 3. *словарь*, 4. *ученик*, 5. *здравствуй*, 6. *понедельник*, 7. *до свидания*, 8. *оценка*, 9. *меня зовут*, 10. *воскресенье*, 11. *ученица*, 12. *извини*, 13. *какой*, 14. *сейчас*, 15. *очень приятно*, 16. *тетрадь*, 17. *извините*, 18. *учебник*, 19. *тебя зовут*, 20. *учительница*, 21. *здравствуйте*, 22. *месяц*

7. Напиши местоимение в правильной форме.

1. _____ *(я) лето*, 2. _____ *(вы) учительница*, 3. _____ *(мы) учебник*, 4. _____ *(он) дом*, 5. _____ *(ты) тетрадь*, 6. _____ *(она) какао*, 7. _____ *(вы) город*, 8. _____ *(они) тарелка*, 9. _____*(я) день*, 10. _____ *(ты) словарь*, 11. _____ *(он) рынок*, 12. _____ *(вы) сметана*, 13. ______ *(ты) томат*, 14. _____ *(она) дерево*, 15. _____ *(я) учитель*, 16. _____ *(ты) кино*

8. Угадай, какие слова здесь спрятались. Каждая буква заменена на её порядковый номер в алфавите. Напиши полученные слова.

1. **3, 16, 19, 12, 18, 6, 19, 6, 15, 30, 6** ____________________
2. **17, 16, 15, 6, 5, 6, 13, 30, 15, 10, 12** ____________________
3. **21, 25, 6, 15, 10, 24, 1** ____________________
4. **10, 9, 3, 10, 15, 10, 20, 6** ____________________

9. Прочитай и выбери правильное слово.

Здравствуйте!

Меня зовут Мартин. Я (ученик/ученица). Это (наш/наша) школа.

А вот (наш/наша) учительница. (Её/У) неё зовут Ирина. А вот (наш/наша) учитель. (Его/У) него зовут Антон.

Вот (мой/моя) класс. Тут (мой/моя) стол и стул. Вот справа словарь, слева тетрадь и учебник.

Какой сегодня (день/месяц)? Понедельник. Какой сейчас (день/месяц)? Январь.

10. Уголок переводчика.

Слово	Письменными буквами	Перевод
1. воскресе́нье	____________	____________
2. день	____________	____________
3. како́й	____________	____________
4. класс	____________	____________
5. ме́сяц	____________	____________
6. оце́нка	____________	____________
7. понеде́льник	____________	____________
8. сейча́с	____________	____________
9. слова́рь	____________	____________
10. тетра́дь	____________	____________
11. уче́бник	____________	____________
12. учени́к	____________	____________
13. учени́ца	____________	____________
14. учи́тель	____________	____________
15. учи́тельница	____________	____________

11. Разгадай кроссворд.

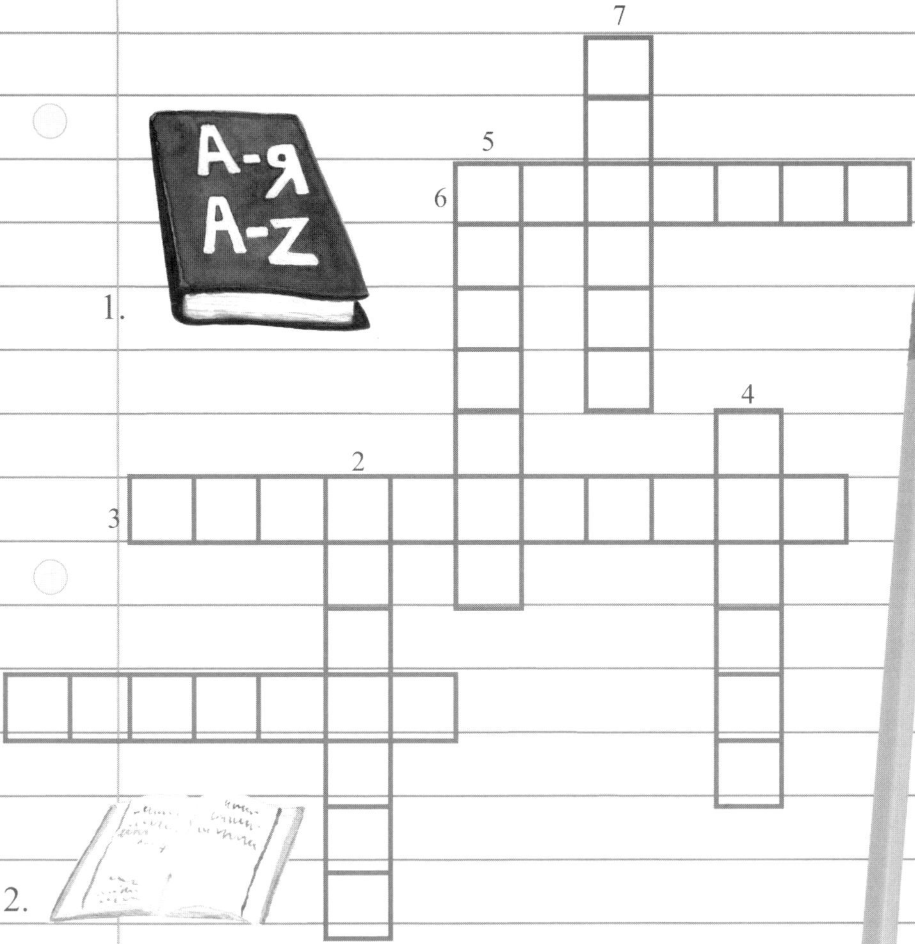

1.

2.

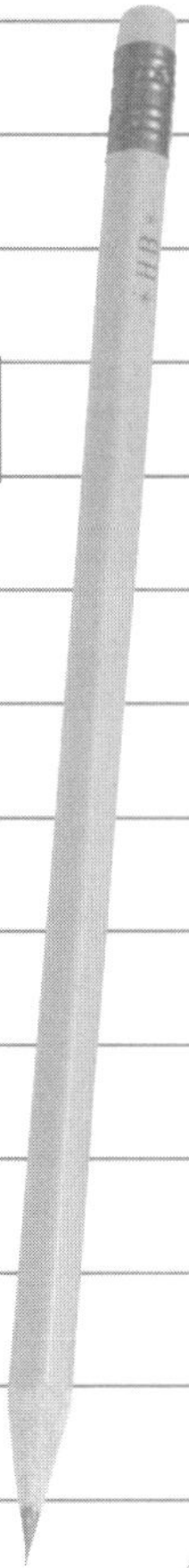

3. 

4. 

5. 

6. 

7. 

13 ТЕМА ТЫ У́ЧИШЬСЯ И́ЛИ РАБО́ТАЕШЬ?

1. Соедини половинки буквы. Напиши букву.

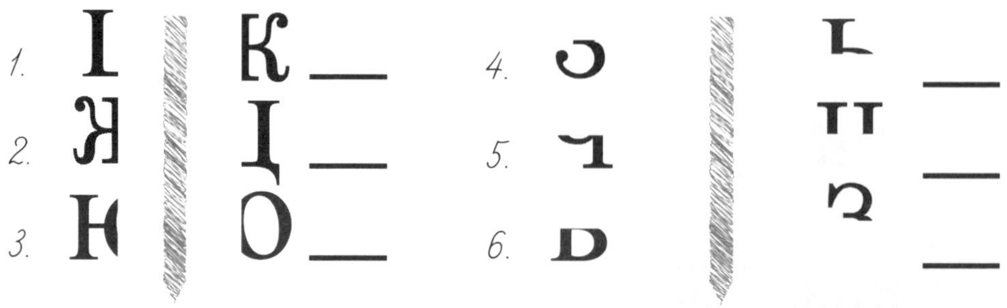

2. Слова женского рода подчеркни прямой линией, слова среднего рода подчеркни волнистой линией, слова мужского рода подчеркни прерывистой линией.

1. *парта*, 2. *учебник*, 3. *карандаш*, 4. *пенал*, 5. *класс*, 6. *тетрадь*, 7. *оценка*, 8. *стол*, 9. *словарь*, 10. *дедушка*, 11. *школа*, 12. *стул*, 13. *собака*, 14. *дерево*, 15. *ванна*, 16. *море*, 17. *река*, 18. *день*, 19. *вторник*

3. Соедини слоги и напиши слова.

1. *у*	+	*сать*	+	*чка*	1. ________
2. *слу*		*же*		*тать*	2. ________
3. *пи*		*чик*		*мать*	3. ________
4. *маль*		*шать*			4. ________
5. *то*		*меть*			5. ________
6. *ра*		*ни*			6. ________
7. *по*		*во*			7. ________
8. *де*		*бо*			8. ________

4. Напиши глагол в правильной форме.

1. Что ты тут ______________ (делать)? 2. Он тут ______________(работать).

3. Вы уже ____ (уметь) писать?

4. Они ____ (не знать), что это.

5. Как ты ____ (думать)?

6. Смотри, как я ____ (писать).

5. Сделай шпаргалку о первом спряжении глаголов.

6. Соедини местоимение и глагол.

1. я	слушаешь
2. ты	рабо́таю
3. он, она	умеют
4. мы	понимает
5. вы	живём
6. они	знаете

7. вы	делают
8. он, она	думаешь
9. они	пишете
10. ты	знаем
11. мы	живёт
12. я	понимаю

7. Напиши местоимение в правильной форме.

1. *Я понимаю* __________ *(ты)*. 2. *Они слушают* __________ *(я)*. 3. ________ *(Он) нет дома*. 4. ________ *(Она) зовут Катя*. 5. *Мы знаем* ______ *(они)*. 6. *Где* ______ *(ты) живёшь?* 7. ______ *(Он) зовут Андрей*. 8. *Я не понимаю* ______ *(вы)*. 9. *Что* _____ *(они) думают?* 10. *Учительница понимает* _________ *(я)*.

8. Напиши начальную форму глагола.

1. *понимает* → ____________, 2. *думаешь* → ______________,
3. *слушаем* → ___________, 4. *пишу* → ____________,
5. *живут* → ___________, 6. *делаете* → ____________,
7. *работаешь* → ____________, 8. *знает* → ______________,
9. *умеем* → _______________

9. Буквенное судоку. Напиши в пустую клетку правильную букву. В каждом ряду и в каждом столбике буквы З, Ч, Ц, Ь, Ж, Ю могут появиться только один раз.

Ж		Ь			З
	Ю		Ж		Ь
		Ч	Ь		Ц
Ь	З		Ч	Ж	
Ч		Ю	З		
	Ь		Ю		Ч

10. Напиши письменными буквами.

Встретил зайку ёж-сосед.
Говорит ему: «Привет!»
А его сосед ушастый
Отвечает: «Ёжик, здравствуй!»

Евгения Панасова

Жираф журнал о животных купил,
Тут жеребёнок ему позвонил.
– Жираф, приходи,
Будем в жмурки играть!
– Нет, жеребёнок, я буду читать!

Евгения Панасова

11. Уголок переводчика.

Слово	Письменными буквами	Перевод
1. девочка 2. делать		
3. думать 4. жить		
5. знать 6. мальчик		
7. писать 8. понимать		
9. работать 10. слушать		
11. тоже 12. уже		
13. уметь		

12. Вставь слова и ответь на вопросы. Дай название рассказу.

____

Привет! Меня 1) ______________ Валерия. Я девочка.
А вот моя мама. 2) ______________ зовут Анна. Мама – учительница.
Я всегда её 3) ______________ .
Сейчас её нет дома, она 4) ______________ .
Я дома. И мой дедушка тоже дома. 5) ______________ зовут Пётр.
Я говорю, а дедушка 6) ______________ , что я говорю.
Что я сейчас делаю? Я пишу. Что я пишу? Вот что я 7) ______________ :
«Привет! 8) ______________ зовут Валерия. ...»

1) Что делает девочка? Как её зовут? ______________

2) Что сейчас делает мама? Как её зовут? ______________

3) Что делает дедушка? Как его зовут? ______________

4) Что пишет девочка? ______________

его   работает   слушает   зовут   меня   её   слушаю   пишу

1. Соедини половинки буквы. Напиши букву.

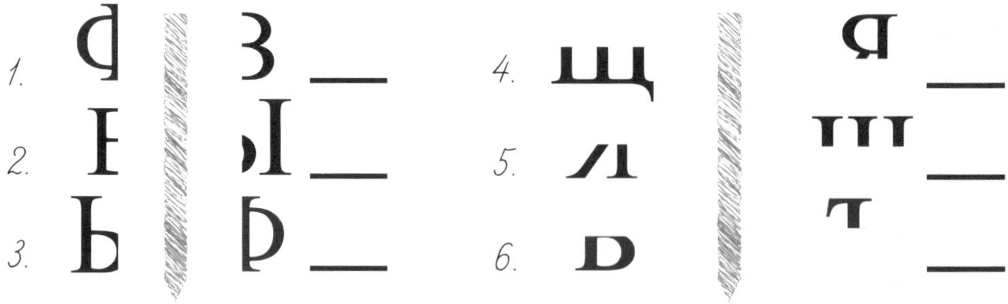

2. Букву Ф подчеркни, а букву Щ обведи в кружок.

1. *борщ*, 2. *февраль*, 3. *щи*, 4. *фон*, 5. *щенок*, 6. *факт*, 7. *щётка*

3. Соедини слоги и напиши слова.

1. *лю*	+	*чень*	+	*ться*
2. *у*		*кой*		*ни*
3. *о*		*бить*		*рить*
4. *ка*		*чить*		
5. *и*		*во*		
6. *го*		*чи*		
7. *у*		*зви*		

1. ______________
2. ______________
3. ______________
4. ______________
5. ______________
6. ______________
7. ______________

4. Угадай, какие слова здесь спрятались. Каждая буква заменена на её порядковый номер в алфавите. Напиши полученные слова.

1. **16, 25, 6, 15, 30** ______________
2. **17, 18, 10, 33, 20, 15, 16** ______________
3. **21, 25, 10, 20, 30** ______________
4. **18, 21, 19, 19, 12, 10, 11** ______________
5. **33, 9, 29, 12** ______________

5. Сделай шпаргалку о втором спряжении глаголов.

6. Впиши правильное местоимение.

1. ___/___ любит, 2. ___ учат, 3. ___ говорят, 4. _ ем, 5. _ хочу, 6. __ говорите, 7. __/___ учится, 8. __ смотришь, 9. __ едим, 10. ___ любят, 11. _ учусь, 12. __ хочешь, 13. __ говорим, 14. __ учим, 15. __/___ любит, 16. __ едите, 17. _ смотрю, 18. __ /___ хочет, 19. __ учим, 20. __ смотрите

7. Напиши глагол в правильной форме.

1. Он ______________ (смотреть) фильм. 2. Директор ___________ (говорить) по-русски. 3. Учительница ____________ (хотеть) писать по-русски. 4. Томас ___________ (любить). 5. Ты _______________ (есть). 6. Женщина ___________ (смотреть). 7. Я __________ (учиться). 8. Дядя и тётя ____________ (говорить) по-русски. 9. Папа ______________ (хотеть) есть. 10. Вы ___________ (учить) английский язык? 11. Учитель ___________ (учить). 12. Я _______________ (смотреть). 13. Девочка _______________ (говорить). 14. Брат ___________ (есть). 15. Он её ____________ (любить).

16. Мужчина ____________________________________ (учиться).

17. Бабушка __________ (хотеть) кофе. 18. Собака ___________ (есть). 19. Он _____________________________ (учить) русский язык.

20. Катарина __________ (есть). 21. Она __________ (учиться).

22. Мы ___________ (учить). 23. Сестра ____________ (любить) его. 24. Мама _______________________________ (хотеть) есть.

25. Мальчик _______ (смотреть). 26. Миша ________ (любить) меня.

8. **Напиши начальную форму глагола.**

1. смотрим – ______________,
2. делаешь – ______________,
3. люблю – ______________,
4. умеете – ______________,
5. думаю – ______________,
6. хотим – ______________,
7. слушаю – ______________,
8. учишь – ______________,
9. понимает – ______________,
10. работаешь – ______________,
11. знают – ______________,
12. ем – ______________,
13. говоришь – ______________,
14. пишут – ______________,
15. живём – ______________,
16. учимся – ______________

9. **Напиши местоимение в правильной форме.**

1. Мама учит _____ (он). 2. Ты учишь ____ (они). 3. Мы любим _____ (вы). 4. Она учит ______ (ты)? 5. Он любит _____ (она). 6. Папа любит ______ (ты)? 7. Они любят ______ (я). 8. Вы учите ______ (он). 9. Ты любишь ______ (я)? 10. Они учат ____ (мы). 11. Я учу ____ (они). 12. Он учит ______ (я). 13. Она любит _____ (мы)? 14. Вы любите ____ (они).

10. **Напиши глагол в правильной форме.**

1. Ты ___________ (учиться) или _____________ (работать)?
2. Мальчик __________ (любить) русский язык. 3. Женщина ________ (говорить) по-английски. 4. Он не __________ (любить) писать. 5. Я ________ (смотреть) кино. 6. Он уже _________ (есть). 7. Вы _________ (учить) их? 8. Мужчина _________ (учить) русский язык. 9. Ты _________ (говорить) по-английски? 10. Они ________ (любить) это? 11. Брат и сестра _________ (есть) салат. 12. Девочка _____________ (хотеть) ещё какао.

11. **Буквенное судоку. Напиши в пустую клетку правильную букву. В каждом ряду и в каждом столбике буквы Ф, Щ, Ъ, Ц, Ь, Ж могут появиться только один раз.**

	ф			щ	ъ
ь		щ		ж	ф
ц			ж		ь
	ь		ъ	ц	
щ	ц			ъ	ж
ъ		ф	щ		

12. **Напиши письменными буквами.**

У мышонка целый пир,
Ест мышонок вкусный сыр.
Маму просит: «Пи-пи-пи!
Сыра мне ещё купи!»

13. **Уголок переводчика.**

Слово	Письменными буквами	Перевод
1. английский язык	________	________
2. говорить 3. есть	________	________
4. ещё 5. женщина	________	________
6. любить 7. мужчина	________	________
8. но 9. по-английски	________	________
10. по-русски	________	________
11. русский язык	________	________
12. смотреть 13. учить	________	________
14. телевизор 15. хотеть	________	________
16. учиться	________	________

14. Разгадай кроссворд на тему «Глаголы».

15 ТЕМА СЕЙЧА́С О́СЕНЬ И́ЛИ ЗИМА́?

1. Угадай, какие слова здесь спрятались. Каждая буква заменена на её порядковый номер в алфавите. Напиши полученные слова.

1. **5, 10, 18, 6, 12, 20, 16, 18** ____________
2. **21, 25, 10, 20, 6, 13, 30, 15, 10, 24, 1** ________________
3. **21, 25, 10, 20, 30** _______
4. **12, 1, 18, 1, 15, 5, 1, 26** ____________
5. **21, 25, 6, 2, 15, 10, 12** __________
6. **19, 13, 16, 3, 1, 18, 30** __________
7. **20, 6, 20, 18, 1, 5, 30** __________

2. Напиши буквы в алфавитном порядке.

Ж О Э Л С З В Ъ Г Я Е А Ф Ц Т Й М Д И Ч К Ё У П Ю Х Щ Н Ш Ь Р Б Ы

____

3. Соедини буквы в алфавитном порядке от А до Я.

А →	Б ↓	З	И	Й	Р	С	Ц	Ч	Ш	Щ
Г	В	Ж	Л	К	П	Т	Х	Ю	Я	Ъ
Д	Е	Ё	М	Н	О	У	Ф	Э	Ь	Ы

4. Пазлы состоят из трёх последовательных букв (например, АБВ, ГДЕ и т.д.). Найди пропавшие буквы.

5. Напиши слова в алфавитном порядке.

мама, кот, алфавит, Екатерина, пожалуйста, отлично, яйцо, сосиска, город, чай, банан, река, доктор, зима, торт, лимон, учебник, Ирина, вторник, халва, наш, ёж, йод, жаба, фон, цапля, шапка, щи, этаж, юбка

1. ______	11. ______	21. ______
2. ______	12. ______	22. ______
3. ______	13. ______	23. ______
4. ______	14. ______	24. ______
5. ______	15. ______	25. ______
6. ______	16. ______	26. ______
7. ______	17. ______	27. ______
8. ______	18. ______	28. ______
9. ______	19. ______	29. ______
10. ______	20. ______	30. ______

6. Составь свой собственный список слов в алфавитном порядке. Вспомни слова, которые ты знаешь, или загляни в словарь. А – апельсин, Б – бабушка и т.д.

а	1. ______	о	16. ______
б	2. ______	п	17. ______
в	3. ______	р	18. ______
г	4. ______	с	19. ______
д	5. ______	т	20. ______
е	6. ______	у	21. ______
ё	7. ______	ф	22. ______
ж	8. ______	х	23. ______
з	9. ______	ц	24. ______
и	10. ______	ч	25. ______
й	11. ______	ш	26. ______
к	12. ______	щ	27. ______
л	13. ______	э	28. ______
м	14. ______	ю	29. ______
н	15. ______	я	30. ______

7. **Запиши названия месяцев.**

ОСЕНЬ	ЗИМА	ВЕСНА	ЛЕТО
сентябрь			

8. **Буквенное судоку. Напиши в пустую клетку правильную букву. В каждом ряду и в каждом столбике буквы А, Б, В, Г, Д, Е могут появиться только один раз.**

А			Б		Д
Д	В		А		Е
	Г	А		Д	В
		Е		А	
Г			В		А
	А	В		Б	Г

9. **Соедини слоги и напиши слова.**

1. *ры*	*но*	*на*
2. *го*	*ка*	*шка*
3. *ки*	*нок*	*ка*
4. *ре*	*ре*	*даш*
5. *мо*	*род*	*во*
6. *де*	*бу*	*ко*
7. *сме*	*ре*	*ктор*
8. *со*	*ре*	*шка*
9. *мо*	*ду*	
10. *ди*	*лян*	
11. *ба*	*та*	
12. *де*	*ран*	
13. *ка*	*ло*	

1. ____________
2. ____________
3. ____________
4. ____________
5. ____________
6. ____________
7. ____________
8. ____________
9. ____________
10. ____________
11. ____________
12. ____________
13. ____________

10. Впиши маленькие письменные буквы правильно.

От арбуза до яйца

А – __рбу́з, Б – ___ык, В – ___ол,
Г – ___ора́, ___ара́ж и ___ол.
Д – ___оска́, Е – ___ль, Ё – ___ж,
В сло́___е «ё____» и Ж найдёшь.
З – ___або́р, И – ___л, Й – ___од,
К – ___ани́кулы и ___от.
Л – ___имо́н, М – ___орс, Н – ___ить,
О – ___трез, чт___б пла́тье сшить.
П – ___ари́к, Р – ___ис, С – ___он,
Т – ___рамва́й или ____ало́н.
У – ____ха́, Ф – ____инн, Х – ___на,
Ц – ___иге́йка и ____ена́.
Ч – ____ащо́ба, Ш – ___уру́п,
Щ – ____а́вель, а та́кже ____уп.
Ъ, Ы, Ь слов не начина́ют,
но, хот____ так и повело́сь,
их не забыва́ют.
Э – ____мбле́ма на станке́,
Ю – ____ла́ в твое́й руке́,
Я – ____йцо́, и бу́ква Я
в а́збуке после́дн____я.

Э́ти бу́квы повтори́,
чтоб запо́мнить, ра́за три,
от нача́ла до конца́,
от арбу́за до яйца́.

Е. Бе́ргер

11. Напиши письменными буквами.

А, Б, В, Г, Д, Е, Ж
Прикатили на еже!
З, И, К, Л, М, Н, О
Дружно вылезли в окно!
П, Р, С, Т, У, Ф, Х
Оседлали петуха, –
Ц, Ч, Ш, Щ, Э, Ю, Я,
Вот и все они, друзья!

Борис Заходер

12. Уголок переводчика.

Слово	Письменными буквами	Перевод
1. август 2. апрель		
3. весна 4. декабрь		
5. зима 6. июль		
7. июнь 8. лето		
9. май 10. март		
11. ноябрь 12. октябрь		
13. осень 14. сентябрь		
15. февраль		
16. январь		

13. Разгадай кроссворд на тему «Месяцы».

1. 

2. 

3. 

4. 

5. 

6. 

7. 

16 ТЕМА КАКО́Й СЕГО́ДНЯ ДЕНЬ?

1. Впиши недостающие дни недели.

ВЧЕРА	СЕГОДНЯ	ЗАВТРА
четверг		
	вторник	
		суббота
	понедельник	

2. Раздели слова линиями.

СКОЛЬКОКАКПОЧЕМУГДЕЗАЧЕМКОГДАЧТОКТО

3. Ответь на вопрос.

1. Какой сегодня день? __________ (среда).
2. Когда ты работаешь? __________ (среда).
3. Когда ты учишься? ______________ (пятница).
4. Когда у тебя урок? ____________ (пятница).
5. Сегодня суббота? Да, сегодня ___________ (суббота).
6. Когда ты делаешь уроки? _______________ (суббота).

4. Подчеркни глагол в правильной форме.

1. Почему ты **смотрит / смотришь**? 2. Когда они **работают / работаем**? 3. Ты **говоришь / говорит** по-русски? 4. Кто ещё **знают / знает**? 5. Ты **умеешь / умею**? 6. Что ты не **понимаешь / понимает**? 7. Почему ты не **слушаем / слушаешь**? 8. Ты уже **пишет / пишешь**? 9. Как ты **думает / думаешь**? 10. Как ты **живёшь / живёт**? 11. Вы тоже не **понимаете / понимают**? 12. Ты **понимаем / понимаешь**? 13. Зачем она **учатся / учится**? 14. Зачем ты это **учить / учишь**? 15. Что они **знает / знают**? 16. Ты тоже так **думаешь / думать**? 17. Вы уже **работаете / работаешь**? 18. Кто это **говорить / говорит**? 19. Что вы **любишь / любите** делать? 20. Почему ты не **есть / ешь**?

5. Напиши правильный вопрос.

1. __________________ завтра день?

   Среда.

2. Екатерина,__________________ ты не учишься?

   В понедельник.

3. __________________, Михаил, вы учитесь?

   Хочу знать русский язык.

4. Карлос,__________________ ты работашь?

   Во вторник и в пятницу.

5. Луис,__________________ ты работаешь?

   В субботу и в воскресенье.

6. Рита,__________________ ты не слушаешь?

   Не хочу.

7. Роберто,__________________ ты учишься?

   Всегда. Даже в четверг и пятницу.

8. Кто знает,__________________ сегодня день?

   Сегодня вторник.

9. __________________ это?

   Это моя сестра.

10. __________________ вы учитесь?

    Всегда.

6. Поставь ударение в словах.

1. *сколько*, 2. *осень*, 3. *март*, 4. *август*, 5. *июнь*, 6. *вторник*, 7. *зима*, 8. *январь*, 9. *четверг*, 10. *июль*, 11. *зачем*, 12. *понедельник*, 13. *апрель*, 14. *декабрь*, 15. *пятница*, 16. *октябрь*, 17. *весна*, 18. *суббота*, 19. *ноябрь*, 20. *почему*, 21. *среда*, 22. *когда*, 23. *сентябрь*, 24. *воскресенье*, 25. *лето*

7. Уголок переводчика.

Слово	Письменными буквами	Перевод
1. всегда 2. вчера		
3. даже 4. завтра		
5. зачем 6. когда		
7. почему 8. пятница		
9. ручка 10. сколько		
11. скоро 12. совсем		
13. спасибо 14. тогда		
15. не за что		
16. пожалуйста		

8. Разгадай кроссворд на тему «Дни недели».

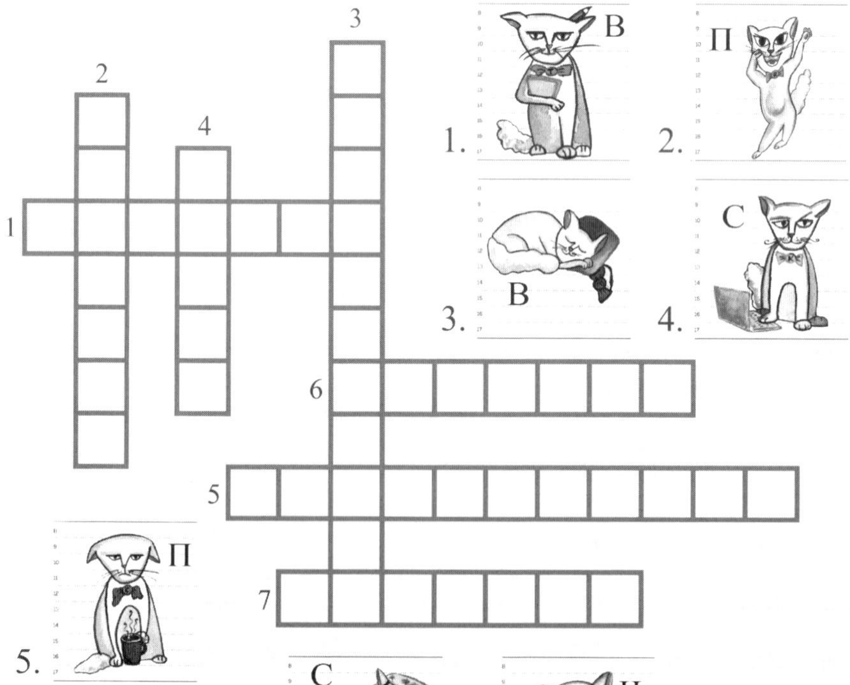

6. 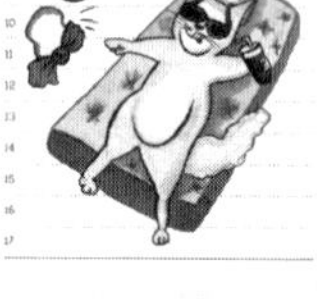

7. 

17 ТЕМА ВЧЕРА́ Я РАБО́ТАЛ И УЧИ́ЛСЯ

1. Запиши правильные местоимения.

учи́/ться

___________ учи/лся	_____________ учи/лась	________________ учи/лись
___________ учи/лся	_____________ учи/лась	________________ учи/лись
___________ учи/лся	_____________ учи/лась	________________ учи/лись

2. Запиши глагол ЛЮБИТЬ в прошедшем времени.

люби́/ть

я ________________	я ________________	мы ________________
ты ________________	ты ________________	вы ________________
он ________________	она ________________	они ________________

3. Напиши, что вчера не делалось.

1. *Сегодня я знаю, а вчера я не знал.*
2. *Сейчас ты понимаешь,* ______________________________
3. *Сегодня он работает,* ______________________________
4. *Сейчас она не умеет,* ______________________________
5. *Сейчас мы слушаем,* ______________________________
6. *Сейчас вы учитесь,* ______________________________
7. *Сегодня они учатся,* ______________________________
8. *Сейчас я пишу,* ______________________________
9. *Сегодня ты ешь,* ______________________________
10. *Сегодня они читают,* ______________________________

4. Напиши, что сегодня не делается.

1. *Вчера мы смотрели, а сегодня не смотрим.*
2. *Вчера он ел,*

____

3. *Вчера я работал,*

____

4. *Вчера мы думали,*

____

5. *Вчера она учила русский язык,*

____

6. *Вчера вы писали это,*

____

7. *Вчера ты говорил,* ______________________________
8. *Вчера я жила там,* ______________________________

5. Подчеркни глагол в правильной форме.

1. Как ты **думал / думали**? 2. Вы уже **работал / работали**? 3. Зачем она **учились / училась**? 4. Кто ещё **знали / знал**? 5. Зачем ты это **учили / учил**? 6. Почему ты не **слушал / слушали**? 7. Когда они **работали / работал**? 8. Мама и папа уже **ели / ела**? 9. Ты тоже так **думал / думали**? 10. Как вы **жила / жили**? 11. Почему ты **смотрели / смотрел**? 12. Где мы **писала / писали**? 13. Вы тоже не **понимали / понимала**? 14. Что вы **любили / любила** читать? 15. Ты **понимал / понимали**? 16. Кто это **говорил / говорили**? 17. Зачем твой друг это **ел / ели**? 18. Ты **говорил / говорили** по-русски?

6. Напиши РУССКИЙ ЯЗЫК или ПО-РУССКИ.

1. *Мы не учили* ____________________.
2. *Твой брат понимает* ____________________?
3. *Моя тётя хорошо говорит* ____________________.
4. *Я не читал* ____________________.
5. *Она очень плохо пишет* ____________________.
6. *Твоя подруга говорит* ____________________?
7. *Ты учил* ____________________?
8. *Ты понимаешь* ____________________?

7. Напиши АНГЛИЙСКИЙ ЯЗЫК или ПО-АНГЛИЙСКИ.

1. *Мальчик пишет* ____________________.
2. *Я не понимаю* ____________________.
3. *Моя сестра очень хорошо читала* ____________________.
4. *Мой друг не знал* ____________________.
5. *Твоя мама умеет говорить* ____________________?
6. *Его подруга учила* ____________________?

8. Напиши ЕГО или ЕЁ.

1. *Это наша учительница. Мы хорошо знаем* __________.
2. *Это сметана. Я очень люблю* __________.
3. *Это ваш учитель? Вы любите* __________.
4. *Это мой дом. Я очень люблю* __________.
5. *Это наш класс. Я хорошо знаю* __________.
6. *Это её подруга, я хорошо знаю* __________.
7. *Это моя тётя. Я очень люблю* __________.
8. *Это мой учебник. Я читаю* __________.
9. *Это мой дядя. Я плохо знаю* __________.
10. *Это наш город, мы хорошо знаем* __________.
11. *Это мой друг, я хорошо знаю* __________.
12. *Это твой брат? Ты любишь* __________?

9. Напиши глагол в прошедшем времени.

1. Моя сестра очень хорошо ____________________ (читать) по-русски.
2. Мальчик не ________________________________ (уметь) писать.
3. Я не ____ (работать –).
4. Ты тоже ____________________________________ (думать –)?
5. Ученица хорошо _______________________________ (слушать).
6. Ученик тоже ________________________________ (уметь) читать.
7. Я _______________________________________ (жить –) дома.
8. Дедушка не _________________________________ (учиться).
9. Вы ____ (знать) их?
10. Мы их _______________________________ (знать) очень хорошо.
11. Ты вчера не ______________________________ (есть –) торт?
12. Девочка не __________________________________ (понимать).
13. Они ______________________________________ (любить) его?
14. Мы их ____ (знать).
15. Бабушка _________________________________ (делать) какао?
16. Мальчик и папа __________________________ (слушать) директора.

10. Напиши мягкий знак там, где он нужен.

1. Я учус____. 2. Ты работаеш____ или учиш____ся? 3. Я не хочу работат____. 4. Они не хотят учит____ся. 5. Мой брат не учит____ся. 6. Она пишет____. 7. Она училас____? 8. Ты еш__? 9. Я люблю читат____. 10. Они понимают____. 11. Ты умееш____ писать? 12. Почему ты не слушаеш____? 13. Я вчера училас____. 14. Мы не хотим работат____. 15. Когда ты работаеш____? 16. Где он живёт____? 17. Учитель сейчас не смотрит____. 18. Он хочет____ знат____. 19. Она не любит____ учит____ся.

11. Поставь ударение в словах.

1. пятница, 2. читать, 3. вторник, 4. зачем, 5. понедельник, 6. очень, 7. сколько, 8. воскресенье, 9. почему, 10. суббота, 11. вчера, 12. подруга, 13. среда, 14. когда, 15. четверг

12. Уголок переводчика.

Слово	Письменными буквами	Перевод
1. друг 2. жизнь	________________	________________
3. конечно 4. нормально	________________	________________
5. отлично 6. очень	________________	________________
7. подруга 8. редко	________________	________________
9. читать 10. часто	________________	________________

13. Переделай рассказ: напиши, что девочка делала вчера. Дай название рассказу.

Что я делаю сегодня? Сегодня я учусь. Я учу русский язык.
Я читаю и пишу по-русски.
Ещё я ем. Я ем, ем и ем. Зачем я это делаю, я не знаю.
Но, когда я учу русский язык, я всё время хочу есть.
Мама смотрит и думает: «Сколько она ест?! Зачем? Почему?»

____

____

____

____

____

____

____

____

____

____

____

ДЕ́ТИ И РОДИ́ТЕЛИ

1. Соедини картинку и слово.

ручка | машина | книга | фотография | диван

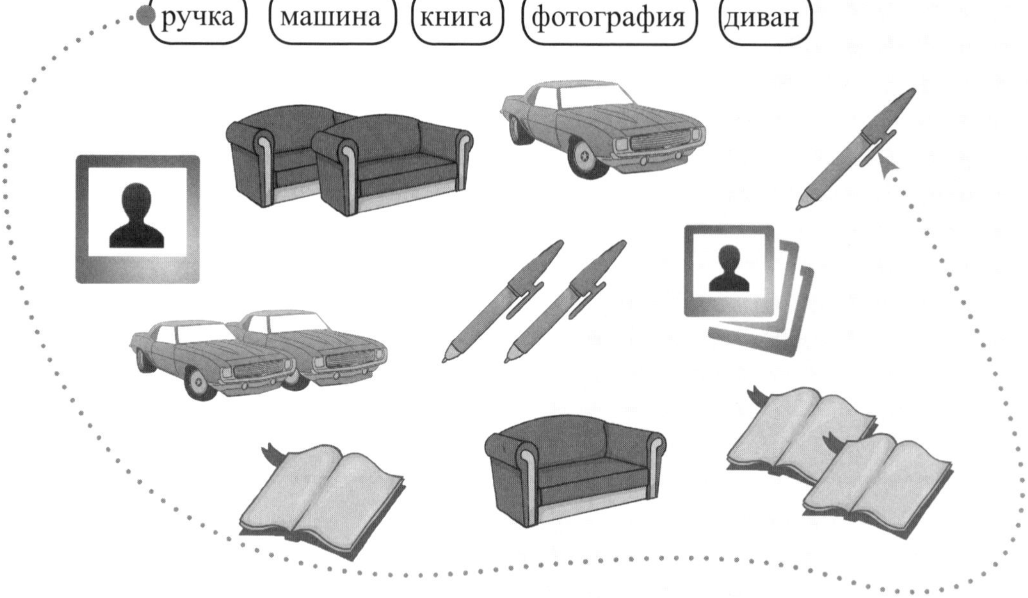

ручки | машины | книги | фотографии | диваны

2. Сделай шпаргалку о множественном числе существительного, заполни таблицу.

Окончание	Род	Условия
-И	________ ________	________________________
-Ы	*м.р., ж.р.*	*После всех других букв*
-А	________	________________________
-Я	________	________________________

3. **Напиши слова во множественном числе и поставь в словах ударение.**

1. женщина – ____________, 2. суббота – _____________, 3. стол – ____________,
4. театр – ______________, 5. ученица – ________________, 6. кот – ___________,
7. рынок – _________________________, 8. мама – ___________________________,
9. комната – _______________________, 10. квартира – _______________________,
11. торт – _________________________, 12. коридор – ________________________,
13. лимон – ________________________, 14. диван – __________________________,
15. салат – _______________, 16. парта – _____________, 17. сыр – ___________,
18. пенал – __________, 19. класс – __________, 20. раковина – _____________,
21. ванна – ______________, 22. томат – ____________, 23. папа – _____________,
24. сестра – ________________________, 25. школа – _________________________,
26. пятница – ______________________, 27. учительница – ____________________,
28. мужчина – _______________________

4. **Напиши слова во множественном числе и поставь в словах ударение.**

1. город – ___________, 2. слово – __________, 3. директор – ____________,
4. имя – ___________, 5. окно – ____________, 6. дом – ___________,
7. время – ___________, 8. доктор – ___________

5. **Напиши слова во множественном числе и поставь в словах ударение.**

1. море – ______________________, 2. задание – _________________________,
3. дерево – ___________________, 4. учитель – _________________________,
5. брат – ______________________, 6. воскресенье – ____________________,
7. друг – ______________________, 8. стул – ____________________________,
9. упражнение – _______________________

6. Соедини слоги и напиши слова.

1. руч	+	га
2. де		то
3. сло		ка
4. кни		во
5. фо		ти

1. ______________
2. ______________
3. ______________
4. ______________
5. ______________

6. ма	+	ди	+	зин
7. ре		ши		нок
8. ма		бё		тель
9. ро		га		на

6. ______________
7. ______________
8. ______________
9. ______________

7. Напиши слова во множественном числе и поставь в словах ударение.

1. сумка – ______________, 2. бабушка – ______________,
3. ученик – ______________, 4. собака – ______________,
5. дедушка – ______________, 6. словарь – ______________,
7. день – ______________, 8. девочка – ______________,
9. тётя – ______________, 10. учебник – ______________,
11. тарелка – ______________, 12. аптека – ______________,
13. дядя – ______________, 14. неделя – ______________,
15. тетрадь – ______________, 16. ручка – ______________,
17. парк – ______________, 18. сок – ______________,
19. карандаш – ______________, 20. оценка – ______________,
21. река – ______________, 22. мальчик – ______________,
23. урок – ______________, 24. сосиска – ______________,
25. подруга – ______________, 26. полка – ______________,
27. вещь – ______________, 28. родитель – ______________

8. **Напиши существительное в скобках в единственном или во множественном числе.**

1. Где ________________________________ (родитель) жили?
2. ________________________________ (Ребёнок) тоже говорил по-русски?
3. Сколько всего ________________________________ (женщина) купили!
4. ________________________________ (Сестра) уже говорят по-русски?
5. Почему ________________________________ (мальчик) учат русский язык?
6. Почему ________________________________ (ученик) не думают, когда работают?
7. Как ________________________________ (дядя) это делают?
8. Когда ________________________________ (брат) сегодня работает?
9. ________________________________ (Бабушка) понимают по-русски?
10. Твой ________________________________ (друг) учится или не учится?
11. ________________________________ (Девочка) тоже умеют это делать?
12. Что ________________________________ (ученица) писали?
13. Где ________________________________ (тётя) работают сейчас?
14. ________________________________ (Собака) тоже слушали?
15. Что ________________________________ (ребёнок) пишут?
16. Как хорошо ________________________________ (подруга) говорят по-русски!
17. ________________________________ (Друг) ещё учатся?

9. **Вычеркни неверное слово.**

1. Почему ученики так **смотрят/смотрит**? 2. Где родители **писала/писали**?
3. Вы тоже не **понимали/понимала**? 4. Кто ещё **знают/знает**?
5. Зачем мальчики это **учили/учил**? 6. Почему ты не **слушал/слушали**?
7. Что мужчины **любит/любят** читать? 8. Собака не **понимала/понимали**?
9. Кто это **говорит/говорить**? 10. Зачем собаки это **ел/ели**?
11. Ученик **говорит/говорят** по-русски? 12. Как дети **думал/думали**?
13. Девочки уже **работает/работают**? 14. Зачем ребёнок **учились/учился**?
15. Когда дети **работает/работают**? 16. Дедушка уже **ели/ел**?
17. Ты тоже **думал/думали**? 18. Что бабушка не **понимала/понимали**?
19. Как девочка **жила/жили**?

10. Напиши глагол в настоящем времени.

1. Ребёнок уже ____________ (писать)? 2. Мужчины _____________ (думать).
3. Женщины уже ____ (писать).
4. Учительницы хорошо _______________________________________ (слушать).
5. Дети тоже ____ (уметь) говорить.
6. Ученики тоже ____ (работать).
7. Девочки _____________ (понимать). 8. Родители ______________ (знать) их?
9. Мальчики ____ (делать) какао?
10. Доктора ещё ____ (учиться)?
11. Братья ____ (любить) его?
12. Директора хорошо ____ (работать)?
13. Учителя их не ____ (знать).
14. Сёстры ____ (читать) по-русски.
15. Дети ____ (уметь) писать.

11. Напиши рассказ во множественном числе. Дай название рассказу.

____

Вот наша школа. Что ученик делает?

Девочка, как всегда, учится. Она пишет и говорит по-русски. Она уже знает русский язык.

Мальчик, как всегда, не учится. Он не пишет и не говорит по-русски. Он ещё не знает русский язык.

Учитель учит меня, а я слушаю и не понимаю. Я ребёнок!

Мой родитель не понимает, почему я не говорю по-русски.

А как ты учишься? Ты уже говоришь по-русски?

Начни так: Вот наша школа. Что ученики делают?

____

____

____

____

____

____

____

____

____

12. Напиши глагол в настоящем времени.

1. Дети не ____ (читать).
2. Учителя не ____________________________ (говорить) по-русски.
3. Тёти ______________ (есть) тут. 4. Женщины __________ (думать).
5. Друзья ___________ (учиться). 6. Родители __________ (хотеть) есть.
7. Директора __________ (смотреть). 8. Братья __________ (живут) тут.
9. Девочки _________ (говорить). 10. Коты _________ (уметь) говорить.
11. Мужчина __________ (писать). 12. Дяди ___________ (хотеть) читать.
13. Учителя ___________ (любить) нас. 14. Бабушки __________ (есть).
15. Ученики ___________ (учиться). 16. Доктора ___________ (учить) русский язык. 17. Родители ___________ (смотреть). 18. Директора ___________ (понимать) по-итальянски.19. Ученица ___________ (делать) уроки. 20. Учителя ___________ (работать) тут. 21. Сёстры ___________ (любить) меня. 22. Мальчики ___________ (смотреть) фильм.

13. Уголок переводчика.

Слово	Письменными буквами	Перевод
1. вещь (ж.р.)	________________	________________
2. дети	________________	________________
3. задание	________________	________________
4. книга	________________	________________
5. магазин	________________	________________
6. машина	________________	________________
7. ребёнок	________________	________________
8. родитель	________________	________________
9. слово	________________	________________
10. супермаркет	________________	________________
11.упражнение	________________	________________
12. фото = фотография	________________	________________

19 ТЕМА ЭТО МОЙ ДОМ

1. Заполни таблицу.

я *мой* ____ ____ ____	мы ____ ____ ____ ____
ты ____ ____ ____ ____	вы ____ ____ ____ ____
он, она ____ ____	они ____

2. Раздели слова линиями.

нашвашихмойнаштвойегоеёвашихмойнаш

3. Напиши, кто это.

1. __________
2. __________
3. __________
4. __________

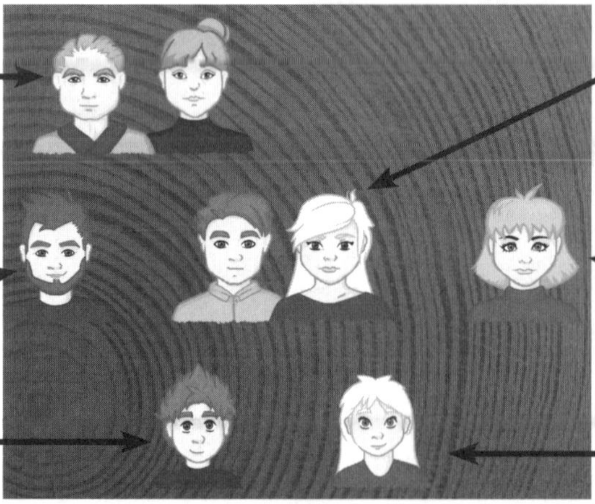

5. __________
6. __________
7. __________
8. __________

4. Запиши местоимения в правильный столбик.

ЧЕЙ? ЧЬЯ? ЧЬЁ? ЧЬИ?			
Мужской род	Женский род	Средний род	Множественное число
________	________	________	________
________	________	________	________
________	________	________	________
________	________	________	________

твой, наш, мой, моя, твоя, твоё, ваш, моё, ваша, наша, ваше, ваши, мои, наше, наши, твои

5. Напиши местоимение в правильной форме.

1. Это _мои_ (я) вопросы. 2. Это ______ (она) квартиры. 3. Это ______ (ты) комнаты? 4. Это ______ (мы) книги. 5. Это ______ (вы) ручки? 6. Это ______ (ты) слова? 7. Это ______ (они) города. 8. Это ______ (он) сёстры? 9. Это ______ (мы) сумки. 10. Это ______ (она) братья. 11. Как ______ (он) имя? 12. Это ______ (вы) парты? 13. Это ______ (она) стулья. 14. Это ______ (ты) уроки. 15. Это ______ (они) школы. 16. Это ______ (вы) карандаши. 17. Это ______ (они) бабушка. 18. Это ______ (мы) дедушки.

6. Напиши местоимение в правильной форме.

1. _моя_ (я) дочь, 2. ________ (вы) мыло, 3. ________ (они) сын, 4. ________ (мы) ученица, 5. ________ (ты) врач, 6. ________ (он) имя, 7. ____________ (они) учителя, 8. ______________ (она) дети, 9. ________ (вы) братья, 10. ________ (он) дядя, 11. ______ (она) ученик, 12. ________ (она) муж, 13. ________ (они) ребёнок, 14. ______ (он) жена, 15. _______ (мы) машины, 16. _______ (мы) время, 17. ______ (они) кошка, 18. ________ (я) книга, 19. _______ (я) родители, 20. ________ (ты) вещи

7. Соедини местоимение и глагол.

1. отдыха/ть

Я	ОТДЫХАЕМ
ТЫ	ОТДЫХАЮТ
ОН, ОНА	ОТДЫХАЮ
МЫ	ОТДЫХАЕТ
ВЫ	ОТДЫХАЕШЬ
ОНИ	ОТДЫХАЕТЕ

2. игра́/ть

Я	ИГРАЕМ
ТЫ	ИГРАЕТ
ОН, ОНА	ИГРАЮ
МЫ	ИГРАЕТЕ
ВЫ	ИГРАЮТ
ОНИ	ИГРАЕШЬ

8. Напиши глагол в настоящем времени.

1. Я тут _отдыхаю_ (отдыхать). 2. Мы не _________ (отдыхать) сегодня. 3. Вы дома __________ (отдыхать)? 4. Я хочу _________ (отдыхать)! 5. Вы __________ (играть) или нет? 6. Мы ___________ (играть) дома. 7. Они сейчас ______________________ (играть). 8. Вы тут _________ (играть)? 9. Ты когда __________ (играть)? 10. Когда ты _________ (отдыхать)? 11. Он _________ (играть) дома. 12. Они сейчас __________ (отдыхать). 13. Она не ________ (играть). 14. Я хочу сегодня _________ (играть) и _________ (отдыхать). 15. Я сейчас __________ (играть). 16. Ты сейчас _________ (отдыхать)?

9. Напиши глагол в прошедшем времени.

1. Я () тут вчера отдыхал (отдыхать).
2. Мы не ________________________ (отдыхать) вчера.
3. Вы дома ________________________ (отдыхать)?
4. Вы ________________________ (играть) или нет?
5. Мы ________________________ (играть) дома.
6. Они вчера ________________________ (играть).
7. Вы тут ________________________ (играть)?
8. Ты () когда ________________________ (играть)?
9. Когда ты () ________________________ (отдыхать)?
10. Он ________________________ (играть) дома.
11. Они вчера ________________________ (отдыхать).
12. Она не ________________________ (играть).
13. Я () вчера ________________________ (отдыхать).
14. Я () вчера ________________________ (играть).
15. Ты () вчера ________________________ (отдыхать)?

10. Напиши правильное местоимение.

1. Это Марк и Анна. Это ____________ парта.
2. Это я. Это ____________ пеналы.
3. Мы ученики. Это ____________ карандаши.
4. Это Марина. Это ____________ сумка.
5. Это ты. Это ____________ кошки?
6. Это Паша и Саша. Это ____________ школа.
7. Это наша семья. Это ____________ собака.
8. Это мы. Это ____________ вещи.
9. Это они. Это ____________ дом.
10. Это Александр. Это ____________ машины.
11. Извини, Антон, это ____________ вещи?
12. Это вы. Это ____________ задания.

11. Разгадай кроссворд.

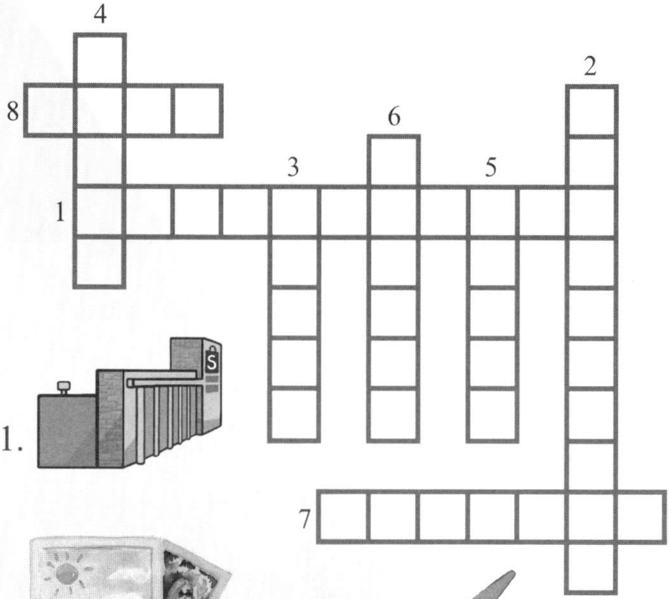

7.

6.

1.

5.

2.

3.

4.

12. Уголок переводчика.

Слово	Письменными буквами	Перевод
1. вопрос 2. врач		
3. все 4. дочь		
5. жена 6. играть		
7. отдыхать		
8. люди 9. муж		
10. кошка		
11. семья		
12. сын 13. так		
14. только		
15. человек		
16. юрист		

20 ТЕМА ИМЯ. ФАМИЛИЯ. ОТЧЕСТВО

1. Допиши правильно мужские и женские отчества.

1. АЛЕКСА́НДР
↓ ↓
Алекса́ндр_____ Алекса́ндр_____

2. АНДРЕ́Й
↓ ↓
Андре́______ Андре́______

3. АЛЕКСЕ́Й
↓ ↓
Алексе́_____ Алексе́_____

4. ИВА́Н
↓ ↓
Ива́н______ Ива́н______

5. СЕРГЕ́Й
↓ ↓
Серге́______ Серге́______

6. ФЁДОР
↓ ↓
Фёдор______ Фёдор______

2. Заполни таблицу.

Полное имя	Краткое имя	Отчество мужчины	Отчество женщины	Фамилия мужчины	Фамилия женщины
1. *Александр*	*Саша*	________	________	________	________
2. ________	________	________	________	________	________
3. ________	________	________	________	________	________
4. ________	________	________	________	________	________
5. ________	________	________	________	________	________

1. Александр, Александров, Александровна, Александрович, Александрова, Саша
2. Алексей, Алексеев, Алексеевич, Алексеевна, Алёша, Алексеева
3. Андреев, Андрей, Андрюша, Андреевна, Андреева, Андреевич
4. Серёжа, Сергей, Сергеевна, Сергеева, Сергеевич, Сергеев
5. Иван, Ивановна, Иванова, Ваня, Иванович, Иванов

3. Найди в учебнике и запиши фамилии известных русских людей.

1. Э́то изве́стный ру́сский поэ́т – Алекса́ндр Серге́евич ________________
2. Э́то изве́стный ру́сский писа́тель – Лев Никола́евич _________________
3. Э́то изве́стный ру́сский писа́тель – Фёдор Миха́йлович ______________
4. Э́то изве́стный ру́сский драмату́рг – Анто́н Па́влович _______________
5. Э́то изве́стный ру́сский учёный-хи́мик – Дми́трий Ива́нович _________
6. Э́то изве́стный ру́сский компози́тор – Пётр Ильи́ч __________________
7. Ю́ Это космона́вт, пе́рвый челове́к в ко́смосе – Ю́рий Алексе́евич __________
8. Э́то вели́кая ру́сская балери́на – Ма́йя Миха́йловна _________________

4. Напиши местоимение в правильной форме.

1. Как _вас_ (вы) зовут? 2. Как ______ (она) фамилия? 3. Как ______ (вы) отчество? 4. ______ (Они) зовут Вася и Люба. 5. Как ______ (вы) имя? 6. Как ______ (ты) фамилия? 7. ______ (Он) зовут Леонид. 8. Как ______ (она) отчество? 9. Я знаю ______ (она) отчество. 10. Они знают ______ (он) отчество. 11. Как ______ (ты) имя? 12. Ты не знаешь, как ______ (она) зовут? 13. Как ______ (ты) зовут? 14. ______ (Я) зовут Наташа. 15. ______ (Она) зовут Света. 16. Я знаю _______ (он) отчество. 17. ______ (Мы) зовут Антон и Ольга. 18. Как ______ (она) зовут? 19. Как ______ (вы) фамилия? 20. Как ______ (ты) отчество?

5. Задай вопросы.

А: Как ____?
Б: Виктор.
А: Как ____?
Б: Николаевич.
А: Как ____?
Б: Кораблёв.

2 А: Извините, как ____?
Б: Краснова.
А: Извините, как ____?
Б: Татьяна.
А: А как ____?
Б: Викторовна.

3 А: Извини, как ____?
Б: Маргарита.
А: Извини, как ____?
Б: Махова.
А: А как ____?
Б: Дмитриевна.

6. Задай вопросы.

1 А: Извините, как ____?
Б: Белянин.
А: Извините, как ____?
Б: Евгений.
А: А как ____?
Б: Борисович.

2 А: Извини, как ____?
Б: Жуков.
А: Извини, как ____?
Б: Кирилл.
А: А как ____?
Б: Владимирович.

7. Выпиши буквы, которые встречаются один раз. Какие фамилии получились?

1. ЧЗЖЦЮУЧКЯЮЦОЯВЗ = ______________________
2. ФМЩИБХЁАЩЙЁЛФОБВ = ______________________
3. ЗУПЮЕХТЮАРУОЗХВА = ______________________
4. ГСЖТМЕДГПЙАМНДОЖВЙ = ______________________
5. ЭСНПИУКТМОЭЛСАМТЕПВУ = ______________________
6. АСЧХЮЕЗМТЁЧНЮАТОХВЗ = ______________________
7. АКОЛУВЗГВЬХМОАИЛГНХ = ______________________
8. ГЗПШАЮЫЙЫЦГЕШПВЮ = ______________________

8. Отгадай!

1. Это мужчина. Его папа – Пётр Андреевич. Его сын – Василий Александрович. Как его зовут? ________________________

2. Это мужчина. Его папа – Владислав Дмитриевич. Его сын – Андрей Владимирович. Как его зовут? ________________________

3. Это мужчина. Его папа – Иван Иванович. Его сын – Алексей Антонович. Как его зовут? ___________________________

4. Это мужчина. Его папа – Вячеслав Павлович. Его сын – Антон Викторович. Как его зовут? __________________________

5. Это мужчина. Его папа – Николай Валерьевич. Его сын – Виктор Витальевич. Как его зовут? __________________________

6. Это мужчина. Его папа – Леонид Михайлович. Его сын – Кирилл Александрович. Как его зовут? ________________________

9. Дополни диалог подходящими словами и фразами.

Д: Здравствуй, Андрей!
А: Привет!
Д: 1) ________________________?
А: Спасибо, отлично. А у тебя?
Д: Спасибо, тоже хорошо.
А: 2) _________________, это мои родители.
Д: Здравствуйте!
БП: Здравствуйте! 3) _______________ Борис Петрович. А это
4) ________________________ Мария Яковлевна.
Д: 5) ________________________!
БП: А как вас зовут?
Д: Меня зовут Дэвид.
БП: 6) ___________________________!
Д: Извините, я ещё плохо говорю 7) _____________ . Я только учу
8) ________________________ .
БП: Ну что вы! Вы хорошо 9) __________________________!
Д: Большое спасибо!
БП: 10) ____!
А: Дэвид – 11) _________ . Он сейчас живёт тут и 12) _________ по-русски.

а) русский язык; б) приятно познакомиться; в) говорите; г) бизнесмен; д) моя жена; е) учится говорить; ж) как дела; з) познакомься; и) очень приятно; к) по-русски; л) меня зовут; м) не за что

10. Поставь ударение в словах.

1. *сын*, 2. *муж*, 3. *читать*, 4. *все*, 5. *человек*, 6. *вчера*, 7. *очень*, 8. *фото*, 9. *друг*, 10. *подруга*, 11. *дочь*, 12. *жена*, 13. *ручка*, 14. *вещь*, 15. *слово*, 16. *машина*, 17. *ребёнок*, 18. *дети*, 19. *родитель*, 20. *книга*, 21. *фотография*, 22. *отдыхать*, 23. *упражнение*, 24. *задание*, 25. *играть*, 26. *юрист*, 27. *врач*, 28. *только*, 29. *люди*, 30. *кошка*

11. Вставь слова и ответь на вопросы. Дай название рассказу.

имя дети живут жена фамилия работает отчество муж ученики ещё

____

Здравствуй! Познакомься! Это Иван Петрович.
Иван – это 1) ________________, а Петрович – 2) ________________.
Иван Петрович – бизнесмен.
А вот его 3) ________________ Наталья Сергеевна. Наталья – это имя, а Сергеевна – это отчество. Наталья Сергеевна не 4) ________________ .
Их 5) ________________ Андреевы: Иван Петрович Андреев и Наталья Сергеевна Андреева.

Смотри, это их дом. Ого-го! Они 6) ________________ здесь:
7) ________________ Иван Петрович, жена Наталья Сергеевна и их
8) ________________ : Маргарита и Михаил. Дети ещё учатся.
Они 9) ________________ . Они тоже Андреевы: Маргарита Ивановна Андреевна и Михаил Иванович Андреев.
10) ________________ у них есть кошка Мурка: Мурка Ивановна Андреева.

1. Это Иван. Какое у него отчество? ________________________
2. Это Наталья. Какая у неё фамилия? ________________________
3. Это Маргарита и Михаил. Кто они? ________________________
4. Мурка – это кто? ____________________________________

12. Уголок переводчика.

Слово	Письменными буквами	Перевод
1. бизнесмен		
2. именно		
3. Какая у вас фамилия?		
4. Какое у вас имя?		
5. Какое у вас отчество?		
6. Какое у тебя имя?		
7. Какое у тебя отчество?		
8. Какая у тебя фамилия?		
9. отчество		
10. Очень приятно		
познакомиться!		
11. Познакомься!		
12. Познакомьтесь!		
13. потому что		
14. фамилия		

1. Сделай шпаргалку о прилагательном.

Окончание прилагательного	Род, единственное число/ множественное число	Условия
-ЫЙ	м.р.	Ударение падает на основу
-ОЙ	___	___
-ИЙ	___	___
-АЯ	___	___
-ОЕ	___	___
-ЕЕ	___	___
-ЫЕ	___	___
-ИЕ	___	___

2. Запиши прилагательные в правильный столбик.

Какой?	Какая?	Какое?	Какие?
___	___	___	___
___	___	___	___
___	___	___	___
___	___	___	___
___	___	___	___
___	___	___	___
___	___	___	___
___	___	___	___

некрасивый, лёгкое, домашнее, большой, старая, новые, интересное, трудные, неинтересное, большая, красивый, новая, неинтересные, новый, маленькая, лёгкие, трудное, красивая, маленький, хорошие, некрасивая, интересные, большие, плохое, лёгкий, плохой, хорошая, красивое

3. Напиши прилагательное в правильном роде.

1. хорóш/ий, -ая, -ее, -ие

_________________________ кóмната, _________________________ парк,
_________________________ окнó, _________________________ тóрты,
_________________________ дом

2. мáленьк/ий, -ая, -ое, -ие

_________________________ домá, _________________________ квартúра,
_________________________ тарéлки, _________________________ теáтр,
_________________________ мóре

3. домáшн/ий, -яя, -ее, -ие

_________________________ задáние, _________________________ упражнéние,
_________________________ кóшка, _________________________ кот,
_________________________ мáльчик, _________________________ дéти

4. плох/óй, -ая, -ое, -ие

_________________________ ры́нок, _________________________ дивáны,
_________________________ рáковина, _________________________ вáнна,
_________________________ какáо

5. молод/óй, -ая, -ое, -ые

_________________________ дéрево, _________________________ мужчúна,
_________________________ жéнщина, _________________________ бáбушка,
_________________________ дéдушки

6. стáр/ый, -ая, -ое, -ые

_________________________ пóлка, _________________________ вéщи,
_________________________ машúны, _________________________ аптéка,
_________________________ фóто, _________________________ слóво,
_________________________ кот

7. приятн/ый, -ая, -ое, -ые

_________________________ человéк, _________________________ жéнщина,
_________________________ лю́ди, _________________________ ребёнок,
_________________________ дéти, _________________________ мужчúна,
_________________________ ýтро, _________________________ дя́дя

8. дóбр/ый, -ая, -ое, -ые

_________________________ мáмы, _________________________ мáльчик,
_________________________ дéвочка, _________________________ бáбушка,
_________________________ дéдушка, _________________________ день,
_________________________ вéчер, _________________________ пáпа

4. Напиши правильное окончание.

1. ма́леньк*ий* мальчик – ма́леньк*ий* мальчик

2. больш_____ диван, 3. нов_____ слова, 4. стар_____ театр, 5. молод______ учитель, 6. хорош______ девочка, 7. нов______ люди, 8. хорош______ ученик, 9. стар_____ родители, 10. неинтересн___ книга, 11. неинтересн______ учебник, 12. хорош_____ ученица, 13. плох____ машина, 14. красив______ торт, 15. некрасив____ вещи, 16. молод____ собака, 17. приятн_____ человек, 18. плох____ ручка, 19. красив_____ слово, 20. некрасив____ дом, 21. домашн____ кошка, 22. приятн_____ женщина, 23. трудн____ задание, 24. трудн____ упражнение, 25. лёгк____ задание, 26. лёгк____ упражнение, 27. интересн_____ дети, 28. хорош_____ вещь, 29. домашн_____ ребёнок, 30. интересн_____ фото, 31. молод______ собака

5. Напиши вопросы.

Это наша машина. *Какая она?*

1. Это наши книги. ________________ 2. Это твой папа. ________________
3. Это ваше фото. ________________ 4. Это наша машина. ________________
5. Это моя ручка. ________________ 6. Это его вещи. ________________
7. Это моя вещь. ________________ 8. Это моя тетрадь. ________________
9. Это её мыло. ________________ 10. Это наш доктор. ________________
11. Это наш город. ________________ 12. Это его задание. ________________
13. Это моя сестра. ________________ 14. Это её сумки. ________________
15. Это наши карандаши. ____________ 16. Это ваш учебник. ____________

6. Напиши, что или кто это и какое оно.

1. 2.

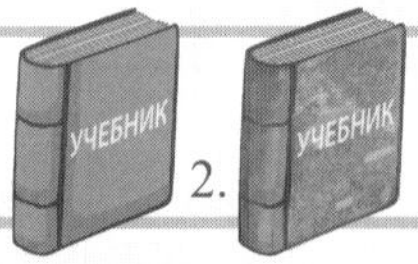

1. ______________________________
2. ______________________________

3. 4.

3. ______________________________
4. ______________________________

5. 6.

5. ______________________________
6. ______________________________

7. Соедини слоги и напиши слова.

1. *ма*	+	*ро*	+	*вый*	1. ______________
2. *мо*		*си*		*ний*	2. ______________
3. *хо*		*маш*		*ный*	3. ______________
4. *кра*		*лень*		*дой*	4. ______________
5. *до*		*ят*		*ший*	5. ______________
6. *при*		*ло*		*кий*	6. ______________

8. Напиши слова правильно.

А: Мальчик, это ____________ (твой) кошка?
Б: Нет, не ____________ (мой).
А: Я не понимаю, это ____________ (домашний) кошка?
Б: Не знаю.
А: Она такая ____________ (красивый)!
Б: Да, она ещё и ____________ (добрый).
А: Ты знаешь, чья это кошка?
Б: Нет, я не знаю. Я только знаю, что она живёт здесь и что она очень ______________ (приятный).

А: Какое ____________ (домашний) задание сегодня?
Б: Упражнение 10.
А: ____________ (большой)?
Б: Нет, ____________ (маленький).
А: ____________ (трудный)?
Б: Нет, ____________ (лёгкий).
А: ____________ (интересный)?
Б: Нет, ____________ (неинтересный).

А: У тебя есть сестра или брат?
Б: Сестра и брат.
А: Сестра ___________ (старший) или __________ (младший)?
Б: ____________ (старший).
А: А брат__________ (старший) или __________ (младший)?
Б: Тоже ____________ (старший).
А: Я ____________ (младший) ребёнок.

9. Напиши прилагательное в правильном роде.

1. Это ____________________ (старый) фотографии. 2. Моя мама очень ________________ (молодой). 3. Твой брат _________________ (добрый)? 4. Он очень ___________________ (приятный) человек. 5. Сегодня очень ______________ (красивый) вечер. 6. Он _____________ (новый) мальчик. 7. Это ____ (трудный) вопрос. 8. Какое _____________________________________ (интересный) кино!

10. Соедини антонимы (слова с противоположным значением).

1. маленький	а. длинный
2. новый	б. плохой
3. молодой	в. лёгкий
4. хороший	г. старый
5. красивый	д. неприятный
6. трудный	е. неинтересный
7. интересный	ё. несолидный
8. короткий	ж. большой
9. старший	з. некрасивый
10. солидный	и. старый
11. приятный	й. младший

11. Составь 10 предложений. Важно, чтобы предложения были грамматически верными.

ЧЕЙ? ЧЬЯ? ЧЬЁ? ЧЬИ?	КАКОЙ? КАКАЯ? КАКИЕ?	КТО?	ЧТО ДЕЛАЕТ? ЧТО ДЕЛАЮТ?
мой, твой, его, её, наш, ваш, их	*старший*, красивый, маленький, хороший, добрый, приятный, младший, старый, солидный, молодой	*брат*, дети, кот, друзья, сестра, подруги, ребёнок, бабушка, родители, тёти, учителя, директор, доктор, дочь, муж, жена	*работать*, играть, есть, говорить, читать, писать, учиться, слушать, отдыхать, думать

Мой старший брат работает.

1. ______________________________
2. ______________________________
3. ______________________________
4. ______________________________
5. ______________________________
6. ______________________________
7. ______________________________
8. ______________________________
9. ______________________________
10. ______________________________

12. Уголок переводчика.

Слово	Письменными буквами	Перевод
1. большой 2. вечер		
3. волосы 4. длинный		
5. добрый 6. здесь		
7. домашний		
8. интересный		
9. младший		
10. короткий		
11. красивый 12. лёгкий		
13. маленький		
14. как 15. молодой		
16. неинтересный		
17. некрасивый		
18. неприятный		
19. новый 20. опять		
21. плохой		
22. приятный		
23. солидный		
24. старший		
25. старый 26. трудный		
27. утро 28. хороший		
29. художник		

13. Заполни пропуски в тексте.

Это 1) ___________ семья. Вот 2) ________________________брат. Он очень 3) ___________! Я его очень 4) ___________! А вот 5) ________________________ сестра. Она очень 6) ___________! Я тоже её очень 7) ___________. Брат и сестра очень 8) ___________, они всё время дома.

Дом у нас 9) ___________ и 10) ___________.

Сегодня воскресенье. Родители и дети всегда в воскресенье дома. Сейчас 11) ___________ . Я 12) ___________: «13) ___________ утро!» – и все 14) ___________: «15) ___________ утро!», потому что утро всегда 16) ___________.

А когда вечер, все 17) ___________: «18) ___________ вечер!», потому что вечер дома тоже всегда 19) ___________.

А ещё у нас есть 20) ___________ кот. Он очень 21) ___________, ничего не 22) ___________, всё время 23) ___________. Но мы его очень 24) ___________.

1)	мой	моя	моё
2)	мой маленький	моя маленькая	моё маленькое
3)	хорошие	хороший	хорошая
4)	любить	люблю	любит
5)	мой маленький	моя маленькая	моё маленькое
6)	красивый	красивая	красивые
7)	любить	люблю	любит
8)	домашняя	домашний	домашние
9)	большой	большая	большие
10)	новая	новые	новый
11)	утро	вечер	день
12)	говорить	говорю	говорит
13)	доброе	добрая	добрый
14)	говорит	говорят	говорили
15)	добрый	доброе	добрая
16)	добрая	добрый	доброе
17)	говорит	говорили	говорят
18)	доброе	добрый	добрая
19)	добрый	доброе	добрая
20)	домашние	домашний	домашняя
21)	старый	старая	старые
22)	видим	видят	видит
23)	спим	спят	спит
24)	любим	любите	любят

22 ТЕМА КТО ЧИТА́ЕТ ХОРОШО́, А КТО – ПЛО́ХО?

1. Запиши слова в правильный столбик.

Какой? Какая? Какое? Какие?	Как?	Когда?
________________	________________	________________
________________	________________	________________
________________	________________	________________
________________	________________	________________
________________	________________	________________
________________	________________	________________
________________	________________	________________

летом, понятно, красивый, старая, весной, абсолютно, большие, трудно, всегда, маленький, много, осенью, некрасивая, вечером, плохо, интересное, зимой, лёгкие, некрасиво, домашнее, утром, по-русски, хорошо, днём

2. Напиши наречия-антонимы.

1. Ты думаешь, это красиво? Нет, я думаю, что это ________________ .
2. Это хорошо? Нет, это ________________.
3. Ты учишься утром? Нет, ________________.
4. Это делать интересно? Нет, ________________.
5. Это делать легко? Нет, ________________.
6. Понятно? Нет, ________________.
7. Ты отдыхаешь летом? Нет, ________________.
8. Это приятно? Нет, ________________.
9. Ты много спал? Нет, ________________.
10. Ты часто отдыхаешь? Нет, ________________.

а) неинтересно, б) вечером, в) некрасиво, г) трудно, д) плохо,
е) неприятно, ж) мало, з) зимой, и) непонятно, к) редко

3. Соедини наречие и прилагательное.

1. красивый	а. трудно
2. некрасивый	б. неинтересно
3. плохой	в. легко
4. интересный	г. красиво
5. неинтересный	д. абсолютно
6. трудный	е. некрасиво
7. лёгкий	ё. плохо
8. маленький	ж. много
9. большой	з. приятно
10. абсолютный	и. неприятно
11. приятный	й. интересно
12. неприятный	к. мало

4. Напиши, когда.

1. день → днём

1. утро → ________, 2. зима → ________, 3. день → ________, 4. вечер → ________, 5. лето → ________, 6. весна → ________, 7. осень → ________

5. Вычеркни неверное слово.

1. Какая **некрасиво/некрасивая** квартира! 2. Это **хорошо/хорошие** дети. 3. По-эстонски **легко/лёгкий** читать. 4. Сегодня вечером она говорила очень **красивый/красиво**. 5. **Утро/Утром** мы не работаем. 6. Мальчики вечером **хорошие/хорошо** отдыхали. 7. Я люблю читать **русский/по-русски**. 8. Это очень **интересная/интересно** книга. 9. Доброе **утро/утром**! 10. Это **легко/лёгкий** делать. 11. Дети утром **плохо/плохие** учились. 12. Добрый **вечер/вечером**! 13. Наши девочки очень **красивые/красиво**. 14. Это **плохо/плохой** театр. 15. Какой **больше/большой** дом! 16. Какое **трудно/трудное** задание! 17. Английский язык не **трудный/трудно**. 18. **Вечер/Вечером** мы дома. 19. Это очень **трудно/трудные** дети. 20. Это **лёгкое/легко** упражнение. 21. Днём ребёнок **много/большой** читал. 22. Дети **маленькие/мало** учатся. 23. Отдыхать – **хороший/хорошо**, а работать – **плохо/плохой**. 24. Русский язык **интересный/интересно** учить.

6. Запиши вопрос к выделенному слову: КАКОЙ? КАКАЯ? КАКОЕ? КАКИЕ? КАК? или КОГДА?

1. Он (Как?) некрасиво пишет. 2. Он (________) много вечером работал. 3. Ты (________) мало учишься. 4. Это наш (_________) новый учитель. 5. У меня (_______) молодая мама! 6. Девочка очень (________) красивая. 7. Я не пишу (______) по-русски. 8. Это абсолютно (_______) неинтересная книга. 9. (________) Вечером они дома. 10. Как ты думаешь, это (________) хороший учебник? 11. Это наше (__________) домашнее задание. 12. Это задание (________) легко делать. 13. Я (_______) плохо знаю её. 14. Это мой (_______) маленький брат. 15. Мальчик (______) плохо понимает по-русски. 16. (_________) Днём я не работаю. 17. Ты (_______) плохо пишешь. 18. Она (________) красиво пишет. 19. Это очень (__________) трудное упражнение. 20. У меня (__________) большой дом! 21. (_____________) Утром мы дома. 22. (_____________) Русский язык – абсолютно трудный. 23. Говорить по-русски (_______________) трудно. 24. Говорить по-английски (_________) легко. 25. Это (__________) лёгкая сумка. 26. Учиться (__________) интересно. 27. Отдыхать абсолютно (____________) неинтересно. 28. Я (________) мало играю. 29. Ты не знаешь, он (_________) хорошо читает по-эстонски? 30. Сегодня (_____) вечером он работает. 31. У меня (________) молодой учитель! 32. Это (______) плохая машина. 33. Ой, какое (________) интересное фото! 34. Я люблю (________) эстонский язык. 35. У меня (________) некрасивый кот.

7. Напиши слова правильно.

1. Что ты делал вчера ____ (вечер)?
2. Что ты делаешь сегодня ____________________________________ (день)?
3. Мы не учимся ____ (лето).
4. Он ____ (много) читает.
5. Она ____ (мало) говорит.
6. Где ты был ____ (утро)?
7. Это было ____ (весна).
8. Это ____ (трудно) делать.

8. Составь 10 предложений. Важно, чтобы предложения были грамматически верными.

ЧЕЙ? ЧЬЯ? ЧЬЁ? ЧЬИ?	КАКОЙ? КАКАЯ? КАКИЕ?	КТО?	КОГДА?	ЧТО ДЕЛАЕТ? ЧТО ДЕЛАЮТ?
мой, твой, его, её, наш, ваш, их	*хороший*, домашний, красивый, приятный, младший, большой, некрасивый, солидный, молодой, добрый	кошка, художники, человек, дочь, жена, муж, *учитель*, мама, бабушки, тётя, ребёнок, дети, сестра, друзья, родители, брат, подруга, коты, учительницы	утро, *день*, вечер, лето, осень, зима, весна, сейчас, вчера, сегодня	*писать*, работать, отдыхать, читать, учиться, слушать, говорить, учить, есть, смотреть

Мой хороший учитель днём пишет.

1. ______________________
2. ______________________
3. ______________________
4. ______________________
5. ______________________
6. ______________________
7. ______________________
8. ______________________
9. ______________________
10. ______________________

9. Напиши наречие.

плохой → плохо

1. понятный – ______________, 2. лёгкий – ______________,
3. неинтересный – ______________, 4. трудный – ______________,
5. интересный – ______________, 6. красивый – ______________,
7. хороший – ______________, 8. некрасивый – ______________,
9. маленький – ______________, 10. плохой – ______________,
11. большой – ______________, 12. приятный – ______________

10. Заполни пропуски в тексте.

Я не 1) ________________ читать. Я 2) ________________ очень мало и редко. Ещё я не люблю 3) ________________ . 4) ________________ я тоже редко. ☺

А что я 5) ________________?

Я 6) ________________ лето. Летом очень 7) ________________ и 8) ________________ . А ещё летом очень 9) ________________ день!

Летом я не 10) ________________ и 11) ________________ очень легко.

Я много и часто 12) ________________ телевизор.

Я люблю 13) ________________ телевизор!

А ещё я 14) ________________ осень. Осенью очень 15) ________________.

Но осенью школа, и это очень 16) ________________.

А зимой 17) ________________! И зимой очень 18) ________________ день.

А что 19) ________________ ты?

1)	любить	люблю	любишь
2)	читаешь	читать	читаю
3)	учу	учиться	учусь
4)	Учу	Учиться	Учусь
5)	люблю	любили	любить
6)	люблю	любишь	любить
7)	хорошая	хорошее	хорошо
8)	красиво	красивое	красивая
9)	длинно	длинный	длинная
10)	учусь	учиться	учу
11)	жить	живу	живём
12)	смотрю	смотрел	смотреть
13)	смотреть	смотрю	смотрит
14)	любить	любит	люблю
15)	красивое	красивая	красиво
16)	трудный	трудно	трудная
17)	холодная	холодно	холодный
18)	коротко	короткий	короткая
19)	любишь	любить	люблю

11. Дополни диалоги.

1

А: Привет!
Б: Привет!
А: Что 1) ______________?
Б: 2) ______________. А ты?
А: Я тоже ничего не 3) __________.
Б: Как 4) ______________?
А: 5) ______________.
Б: Почему?
А: Неинтересно. 6) ___________ учусь. Это трудно.
Б: А я 7) ______________, что учиться – это интересно. Я люблю 8) ___________.

а) жизнь б) делаю в) ничего
г) делаешь д) плохо е) учиться
ж) много з) думаю

2

А: Какой язык ты 1) ______________?
Б: Английский язык.
А: 2) ______________?
Б: Нет, легко. А ты 3) ____________ язык учишь?
А: Я 4) ____________ русский язык.
Б: И как? Трудно или 5) __________?
А: Да ты что! Очень трудно!
Б: Ты уже 6) ________________ говоришь по-русски?
А: Нет, ещё 7) ________________.

а) плохо б) легко в) хорошо
г) учишь д) какой е) трудно
ж) учу

12. Уголок переводчика.

Слово	Письменными буквами	Перевод
1. весной		
2. вечером		
3. днём 4. жарко		
5. зимой		
6. красиво		
7. легко 8. летом		
9. мало 10. много		
11. некрасиво		
12. осенью		
13. интересно		
14. трудно		
15. утром		
16. холодно		
17. неинтересно		
18. абсолютно		

23 ТЕМА 1, 2, 3, 4, 5 – ВЫ́ШЕЛ ЗА́ЙЧИК ПОГУЛЯ́ТЬ

1. Раздели слова линиями.

девятьдесятьчетыреодинтридвапятьвосемьсемьшесть

2. Найди в квадрате 11 чисел.

ш	д	е	с	я	т	ь
с	ч	н	о	л	ь	в
е	е	э	д	в	а	о
м	т	р	и	з	л	с
ь	ы	ю	н	т	ю	е
ж	р	п	я	т	ь	м
ш	е	с	т	ь	х	ь
д	е	в	я	т	ь	к

3. Впиши правильное число.

7	__	__	__	__	__	__	__	__	__
семь	девять	три	пять	десять	два	восемь	шесть	один	четыре

4. Напиши мягкий знак там, где он нужен.

а) *один*___, б) *три*___, в) *пят*___, г) *восем*___,

д) *два*___, е) *шест*___, ё) *десят*___, ж) *четыре*___,

з) *сем*___, и) *девят*___, й) *нол*___

5. Разгадай кроссворд. Напиши числа словами.

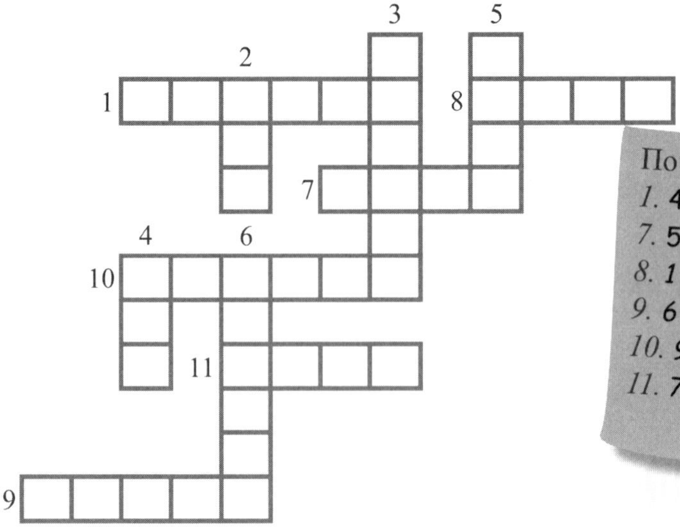

По горизонтали:
1. 4
7. 5
8. 1
9. 6
10. 9
11. 7

По вертикали:
2. 3
3. 10
4. 2
5. 0
6. 8

6. Раздели слова линиями.

девятьодиннадцатьтридесятьчетырнадцатьшестьпятнадцатьдвашестнадцатьчетыре тринадцатьпятьдевятнадцатьшестьсемнадцатьсемьвосемнадцатьодинвосемь

7. Найди в квадрате 10 чисел.

м	т	ъ	ш	ч	п	д	в	с	т	и
и	р	х	ш	е	п	в	д	с	д	ы
т	и	э	е	т	я	е	в	е	е	в
ь	н	ж	с	ы	т	н	а	м	в	а
в	а	д	т	р	н	а	д	н	я	п
о	д	и	н	н	а	д	ц	а	т	ь
с	ц	л	а	а	д	ц	а	д	н	р
е	а	о	д	д	ц	а	т	ц	а	о
м	т	р	ц	ц	а	т	ь	а	д	л
н	ь	п	а	а	т	ь	м	т	ц	д
а	а	а	т	т	ь	ь	и	ь	а	ж
д	п	в	ь	ь	л	х	а	ф	т	и
ц	р	ы	ц	п	ш	ъ	ч	ы	ь	т
а	о	ф	а	а	щ	э	м	к	к	ь
т	т	ю	п	у	ж	ж	т	а	у	б
ь	ь	б	о	к	д	ю	б	р	ц	й

8. **Разгадай кроссворд. Напиши числа словами.**

По горизонтали:

1. 8
4. 11
6. 15
7. 16

По вертикали:

2. 14
3. 19
5. 12
8. 13
9. 17

9. **Впиши правильное число.**

13	__	__	__	__	__	__	__	__	__
трина-дцать	девятна-дцать	четырна-дцать	пятна-дцать	два-дцать	двена-дцать	восемна-дцать	шестна-дцать	одинна-дцать	семна-дцать

10. **Напиши мягкий знак там, где он нужен.**

а. *девят_надцат_*, б. *пят_*, в. *пят_надцат_*, г. *восем_*, д. *девят_надцат_*, е. *восем_надцат_*, ё. *шест_*, ж. *шест_надцат_*, з. *десят_*, и. *сем_*, й. *сем_надцат_*, к. *девят_*

11. **Раздели слова линиями.**

девяностосорокчетырнадцатьпятьдесятсемнадцать

двенадцатьсемьдесятпятнадцатьтридцатьдесять

шестнадцатьтринадцатьдевятнадцатьодиннадцать

двадцатьстовосемьдесятшестьдесят

12. **Найди в квадрате 10 чисел.**

д	в	а	д	ц	а	т	ь	с	л	ч
е	е	н	с	т	о	г	ш	е	ж	ф
с	о	р	о	к	о	п	щ	м	б	ы
я	п	р	л	ж	р	я	г	ь	э	в
т	р	и	д	ц	а	т	ь	д	х	а
ь	ж	п	р	и	в	ь	к	е	ъ	п
в	о	с	е	м	ь	д	е	с	я	т
ш	е	с	т	ь	д	е	с	я	т	д
и	д	р	п	л	у	с	е	т	г	л
т	л	о	а	д	к	я	к	н	о	ж
о	р	л	о	ь	е	т	у	р	л	г
л	д	е	в	я	н	о	с	т	о	ш

13. Разгадай кроссворд. Напиши числа словами.

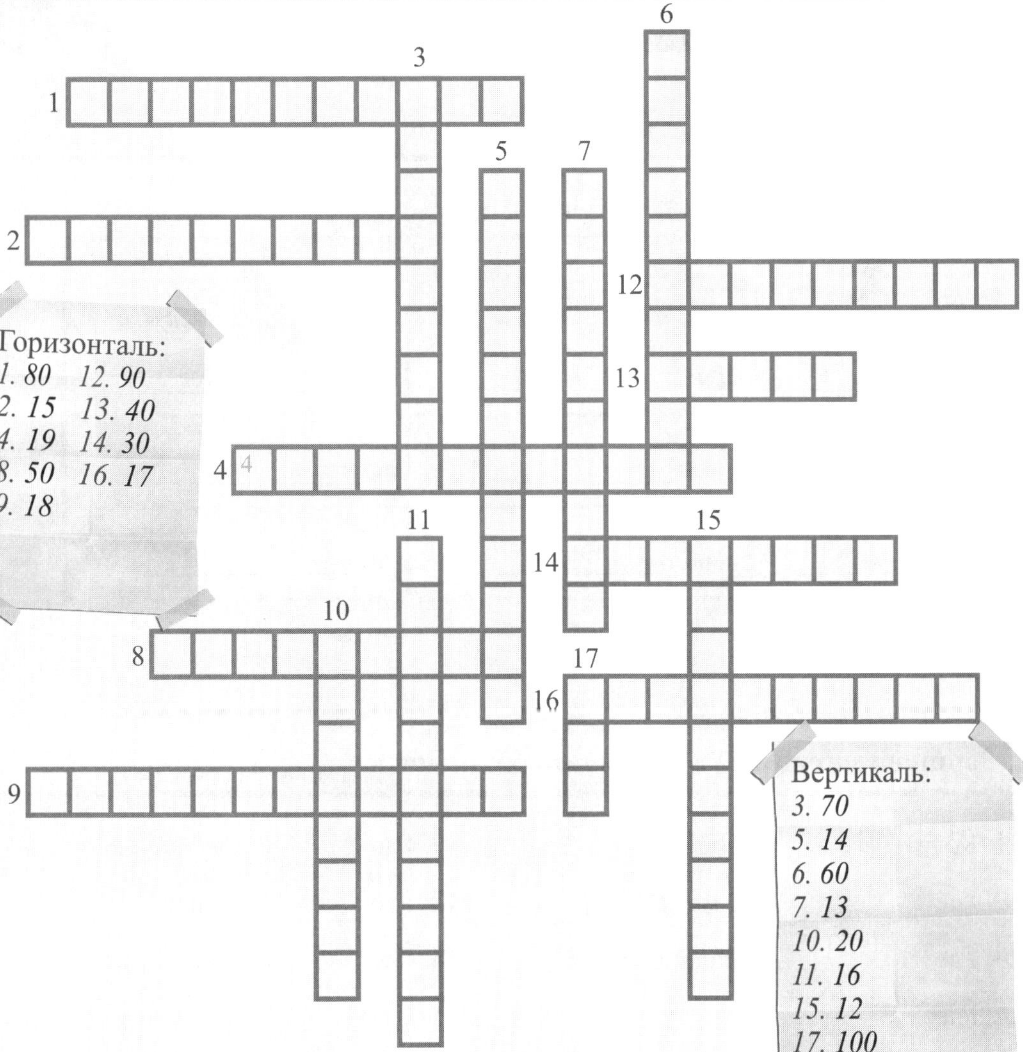

Горизонталь:
1. 80
2. 15
4. 19
8. 50
9. 18
12. 90
13. 40
14. 30
16. 17

Вертикаль:
3. 70
5. 14
6. 60
7. 13
10. 20
11. 16
15. 12
17. 100

14. Впиши правильное число.

30	__	__	__	__	__	__	__	__	__
тридцать	девяносто	сорок	пятьдесят	двадцать	сто	восемьдесят	шестьдесят	десять	семьдесят

15. Напиши мягкий знак там, где он нужен.

а. *пят_надцат_*, б. *сем_десят*, в. *двадцат_*, г. *восем_*, д. *тридцат_*, е. *девят_надцат_*, ё. *пят_десят_*, ж. *восем_надцат_*, з. *шест_*, и. *пят_*, й. *шест_надцат_*, к. *шест_десят_*, л. *десят_*, м. *сем_*, н. *сем_надцат_*, о. *восем_десят_*, п. *пятнадцат_*, р. *девят_*, с. *сем_десят_*, т. *девят_надцат_*

1. Запиши глагол БЫТЬ в прошедшем времени.

БЫ/ТЬ

я ____________	**я** ______________	**мы** _______________
ты ____________	**ты** ____________	**вы** ________________
он ____________	**она́** _____________	**они́** _______________

2. Запиши глагол БЫТЬ в прошедшем времени.

1. Когда было твоё время?
2. Где _________ твоя мама?
3. Где _________ это задание?
4. Где _________ моя ручка?
5. Где _________ мои вещи?
6. Где _________ твоя машина?
7. Где _________ его девочка?
8. Где _________ какао?
9. Где _________ вопросы?
10. Где _________ их дети?
11. Где _________ твои родители?
12. Где _________ её книги?
13. Где _________ врач?
14. Где _________ юристы?
15. Где _________ женщина?
16. Где _________ мужчина?
17. Где __________ люди?
18. Где _________ её мальчик?
19. Где _________ твоя дочь?
20. Где _________ твой сын?
21. Где _________ мой папа?

3. Напиши глагол БЫЛ, БЫЛА или БЫЛО.

1. Вчера _была_ пятница.
2. Какой день ______ вчера?
3. Вчера ______ суббота.
4. Вчера ______ воскресенье?
5. Вчера ______ понедельник.
6. Вторник вчера ______ ?
7. Вчера ______ среда.
8. Четверг ______ вчера?
9. Вчера ______ не воскресенье, а суббота.
10. Вчера ______ среда, а не четверг.

4. Что это за день? Ответь на вопрос и напиши ответ.

1. Если сегодня понедельник, то какой день был вчера?
   Вчера было воскресенье.
2. Если вчера был понедельник, то какой день сегодня?
   Сегодня вторник.
3. Если сегодня четверг, то какой день был вчера?
   ____
4. Если вчера была пятница, то какой день сегодня?
   ____
5. Если сегодня вторник, то какой день был вчера?
   ____
6. Если вчера был четверг, то какой день сегодня?
   ____
7. Если сегодня среда, то какой день был вчера?
   ____
8. Если вчера было воскресенье, то какой день сегодня?
   ____
9. Если сегодня воскресенье, то какой день был вчера?
   ____
10. Если вчера был вторник, то какой день сегодня?
    ____
11. Если сегодня пятница, то какой день был вчера?
    ____
12. Если вчера была среда, то какой день сегодня?
    ____
13. Если сегодня суббота, то какой день был вчера?
    ____
14. Если вчера была суббота, то какой день сегодня?
    ____

5. Вычеркни неверный глагол.

1. Где ты ( ) вчера днём **была/был**? 2. Вы уже **была/были** здесь? 3. Вчера **была/было** воскресенье? 4. Кто ещё **было/был** здесь? 5. Когда они **были/была** там? 6. Мама и папа уже **была/были** тут весной? 7. Какой день **был/была** вчера? 8. Вы осенью тоже там **был/были**? 9. Где ты ( ) **была/были** вчера вечером? 10. Где мы **было/были** летом? 11. Вы тоже здесь вчера **не была/не были**? 12. Вчера **была/было** суббота? 13. Кто это **был/было**? 14. Что это (!) **был/было**? 15. Ты ( ) **был/была** здесь? 16. Где **было/были** дети утром? 17. Вчера **был/была** понедельник. 18. Где **был/были** твои родители вчера вечером?

6. Запиши глагол БЫТЬ в прошедшем времени.

1. Чья это _была_ фотография?
2. Это ________ моя фотография.
3. А кто это ________?
4. Это ________ я (м.р.).
5. А это ________ моя семья.
6. Это ________ мои родители.
7. Это ________ мой папа Райн.
8. Это ________ моя мама Мерике.
9. Слева ________ дедушка Вилло.
10. Справа ________ бабушка Лайне.
11. Это ______ мои братья и сёстры.
12. Слева ______ моя сестра Мерле.
13. Справа ________ мой брат Раймо.
14. Ещё у меня ______ собака Чарли.
15. Собака ________ до́ма.
16. Это ________ летом.

7. Уголок переводчика.

Слово	Письменными буквами	Перевод
1. был		
2. была		
3. были		
4. было		
5. страница		

1. Сделай шпаргалку о предложном падеже.

Окончание	Род	Условия
-Е	____ ____ ____	____ ,- ____, -____ -____, -____ -____, -____
-И	____	-__
-ИИ	____ ____ ____	-____ -____ -____

2. Напиши, где эти люди находятся.

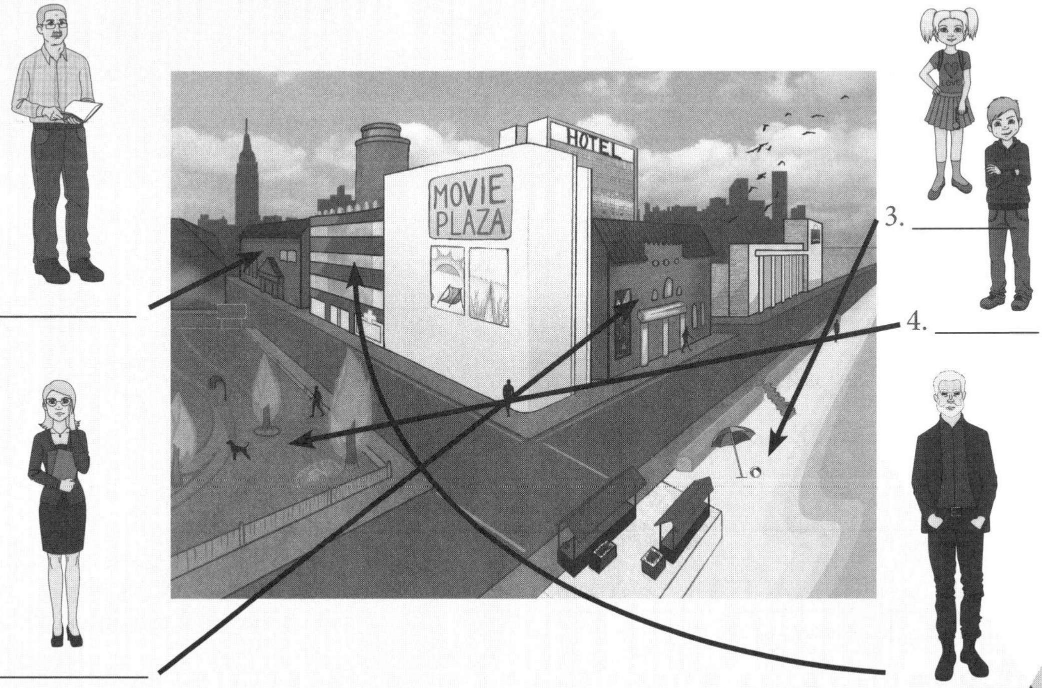

1. ____________

2. ____________

3. ____________

4. ____________

5. ____________

3. Напиши где.

1. Ручки ~~в сумке~~ (сумка).
2. Сергей __________ (магазин).
3. Саша ____________ (парк).
4. Мужчина _________ (Хельсинки).
5. Марина __________ (Таллинн).
6. Учителя __________ (школа).
7. Мальчики __________ (класс).
8. Ребёнок __________ (комната).
9. Дочь _____________ (школа).
10. Кира ___________ (аптека).
11. Прийт __________ (Лондон).
12. Анна __________ (магазин).
13. Люди ___________ (коридор).
14. Кирилл __________ (Англия).
15. Люба ____________ (театр).
16. Ольга ____________ (кино).
17. Дети _____________(Москва).
18. Машины ___________(улица).
19. Сын ______________ (банк).
20. Женщина ________ (Финляндия).
21. Муж _____________ (театр).
22. Евгений ___________(урок).
23. Девочки _________ (супермаркет).
24. Дмитрий __________(рынок).
25. Ирина _________ (банк).
26. Врач ___________ (больница).
27. Дети ____________ (Россия).
28. Жена ____________ (аптека).
29. Кошка ____________ (дом).
30. Слово ___________ (тетрадь).

4. Допиши диалоги.

1

А: Что делал зимой?

Б: 1) ______________________________

А: А где ты отдыхал?

Б: 2) ______________________________

А: Как там было?

Б: 3) ______________________________

А: Ну да, понятно. 4) ______________________

Б: 5) ______________________________

а) В деревне.
б) Больше нигде.
в) Хорошо, но было очень холодно.
г) Работал и отдыхал.
д) А где ещё был?

2

А: Привет, как жизнь?

Б: 1) ______________________________

А: Что делаешь? 2) ______________________

Б: 3) ______________________________

А: Где?

Б: 4) ______________________________

А: А где летом отдыхал?

Б: 5) ______________________________

а) В школе.
б) Учусь.
в) Спасибо, всё хорошо.
г) Как всегда, в России.
д) Работаешь или учишься?

5. Напиши слова в правильной форме.

1. Сейчас ____________________________ (апрель).
2. Это было ____________________________ (июль).
3. Я учил русский язык ____________________________ (ноябрь).
4. Сейчас ____________________________ (январь).
5. Он был там ____________________________ (август).
6. Это было ____________________________ (март).
7. Сейчас ____________________________ (июнь).
8. Это было ____________________________ (февраль).
9. Вы отдыхали ____________________________ (октябрь)?
10. Это было ____________________________ (май).
11. Я иногда отдыхаю ____________________________ (март).
12. Она была здесь ____________________________ (сентябрь).
13. На улице был уже ____________________________ (декабрь).
14. Мы не отдыхали ____________________________ (июль).
15. Они работали ____________________________ (июнь).

6. Напиши, где люди были.

Директор был в кино.

1. Врач ______________________

2. Антон ______________________

3. Директор ______________________

4. Андрей ______________________

5. Расмус ______________________

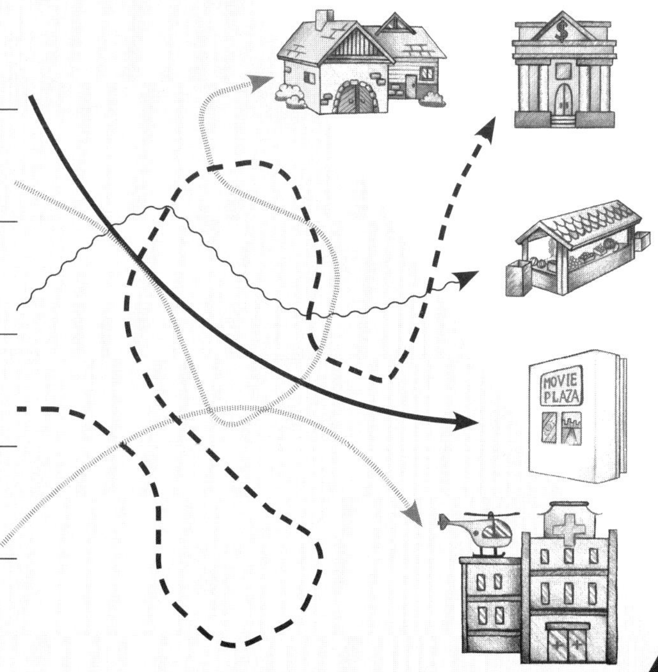

7. Напиши когда.

ноябрь → в ноябре

1. февраль → ______________________________,
2. январь → ______________________________,
3. март → ______________________________,
4. сентябрь → ______________________________,
5. октябрь → ______________________________,
6. май → ______________________________,
7. август → ______________________________,
8. ноябрь → ______________________________,
9. июнь → ______________________________,
10. декабрь → ______________________________,
11. июль → ______________________________,
12. апрель→ ______________________________

8. Запиши глагол БЫТЬ в прошедшем времени.

Вчера моя мама _____ в театре. Вчера моя мама **была** в театре.

1. Утром врач ______________________ в больнице.
2. Ты (ж.р.) ______________________ вчера в школе?
3. Вчера я (м.р.) ______________________ в школе.
4. Зимой мы ______________________ в России.
5. Они ______________________ сегодня на работе?
6. Утром они ______________________ на улице.
7. Он ______________________ в Финляндии?
8. Днём она ______________________ в банке.
9. Вы ______________________ в Финляндии?
10. Летом я (ж.р.) ______________________ в деревне.

9. Вычеркни неверное слово.

1. Почему учительница говорит, что мальчик – **хороший/хорошо** ученик? Потому что он **хороший/хорошо** учится. 2. Почему учителя говорят, что девочка – **плохо/плохая** ученица? Потому что она **маленькая/мало** работает. 3. Почему учительница говорит, что мальчик – **плохо/плохой** ученик? Потому что он **абсолютный/абсолютно** не учится. 4. Почему учитель говорит, что девочка – **хорошо/хорошая** ученица? Потому что она **большая/много** работает. 5. Почему учителя говорят, что мальчик – **плохой/плохо** ученик? Потому что он **плохо/плохой** учится.

10. Соедини местоимение и глагол.

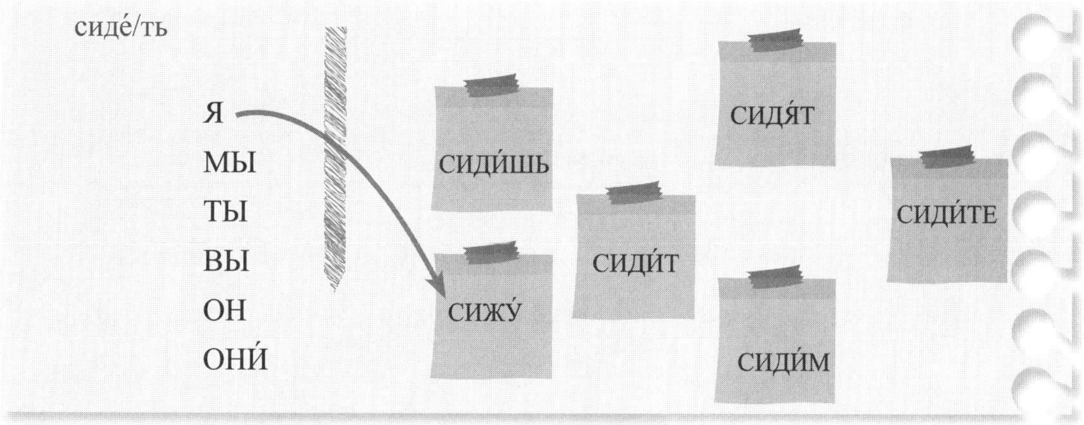

11. Запиши глагол СИДЕТЬ в настоящем времени.

1. Мы ______________________ вечером дома.
2. Где вы в театре ____________? 3. Я ____________ в машине.
4. Где ты ____________ в школе? 5. Почему мы ____________?
6. Я ____________ в театре. 7. Они ____________ на стуле.
8. Она ____________ на столе. 9. Мы ____________ на парте.
10. Вы ____________ на диване. 11. Я ____________ на окне.
12. Ты ______________________ в комнате?
13. Мальчик, наверное, ____________________ в Фейсбуке.
14. Вы ______________________ на работе?

12. Запиши глагол СИДЕТЬ в прошедшем времени.

1. Я (м.р.) вчера вечером ______________________________ в компьютере.
2. Где ты (ж.р.) ______________________________ в школе?
3. Почему вы ______________________________ вечером дома?
4. Я (ж.р.) вчера ______________________________ в банке.
5. Мужчина ______________________________ на стуле.
6. Девочка ______________________________ на столе.
7. Мы ______________________________ на парте.
8. Мои родители ______________________________ на диване.

13. Составь цепочку слов по образцу.

лимоны – стол – рынок – улица – город – Россия →
лимоны на столе, стол на рынке, рынок на улице, улица в городе, город в России

1. ручки – пенал – сумка – парта – класс – школа – улица – город – Англия
   → ______________________________
2. мыло – ванна – квартира – дом – парк – город – Россия
   → ______________________________
3. сосиска – тарелка – стол – квартира – дом – улица – город – Финляндия
   → ______________________________
4. мел – доска – работа – банк – город – Англия
   → ______________________________
5. слово – словарь – стол – квартира – дом – город – Россия
   → ______________________________
6. учитель – урок – класс – школа – город – Финляндия
   → ______________________________
7. компьютер – магазин – дом – улица – город – Англия
   → ______________________________
8. кошка – окно – квартира – дом – улица – город – Россия
   → ______________________________

14. Составь 10 предложений. Важно, чтобы предложения были грамматически верными.

ЧЕЙ? ЧЬЯ? ЧЬЁ? ЧЬИ?	КАКОЙ? КАКАЯ? КАКИЕ?	КТО?	КОГДА?	ЧТО ДЕЛАЕТ? ЧТО ДЕЛАЮТ?	ГДЕ?
мой, твой, его, её, наш, ваш, их	хороший, домашний, красивый, младший, большой, некрасивый, солидный, молодой, добрый, новый, приятный, старший	ребёнок, дети, сестра, родители, врачи, юрист, художник, ученики, кошка, учителя, мама, папа, бабушки, дедушка, тётя, дяди, брат, подруга, друг, коты, собаки, учительница, друзья, муж	утро, день, вечер, лето, осень, зима, весна, всегда, сейчас, вчера, сегодня	работать, жить, учиться, сидеть, отдыхать, играть, писать, читать, говорить, учить, есть, смотреть	улица, больница, деревня, банк, работа, стул, диван, город, Россия, Англия, Финляндия, магазин, супермаркет, дом, школа, телефон, компьютер, класс, комната, урок

1. ______________________________
2. ______________________________
3. ______________________________
4. ______________________________
5. ______________________________
6. ______________________________
7. ______________________________
8. ______________________________
9. ______________________________
10. ______________________________

15. Дополни письмо подходящими словами.

Привет!
Меня 1) ______________________ Андрей.
Я живу 2) ______________________ . А ты был в России?
Какая у меня жизнь? Нормальная.
Я 3) ______________________ в школе и делаю это очень хорошо.
В школе 4) ______________________ есть друзья. Их много.
Если осенью, зимой и 5) ______________________ я живу в городе, то летом я всегда отдыхаю в деревне. Здесь у меня есть 6) ______________________.
7) ______________________ очень красивое имя – Катерина.
В деревне летом в доме очень 8) ______________________ и хорошо.
Но иногда в доме 9) ______________________. И я часто сижу на улице.
В деревне, конечно, 10) ______________________ есть собака.
11) ______________________ зовут Жужа.
Жужа – 12) ______________________ собака.
Ну вот и 13) ______________________ .
14) ______________________ !

Твой Андрей

а) в России б) учусь в) её г) у меня д) жарко е) у неё ж) зовут з) весной
и) подруга к) всё л) приятно м) у нас н) пока о) молодая

16. Уголок переводчика.

Слово	Письменными буквами	Перевод
1. Англия		
2. Россия		
3. Финляндия		
4. банк		
5. больница		
6. деревня		
7. компьютер		
8. иногда 9. может		
10. наверное		
11. может быть		
12. нигде 13. работа		
14. сидеть 15. улица		